COURS COMPLET D'INSTRUCTION ET D'ÉDUCATION.

DIALOGUE

SUR LES SIGNES ORTHOGRAPHIQUES

ET LES

DIX PARTIES DU DISCOURS

DE LA

GRAMMAIRE FRANÇAISE.

PAR J. F. ALLIER, ANCIEN INSTITUTEUR

ET

L'ABBÉ RICHARD, ANCIEN DIRECTEUR D'ÉCOLE SECONDAIRE.

MÉTHODE TRÈS-AGRÉABLE ET LA PLUS ABRÉGÉE POUR ARRIVER A LA
PARFAITE CONNAISSANCE DE LA GRAMMAIRE.

———

AVIGNON

SEGUIN AÎNÉ, IMPRIMEUR-LIBRAIRE
rue Bouquerie, 13.

1857

DIALOGUE

SUR LES SIGNES ORTHOGRAPHIQUES

ET SUR LES DIX PARTIES DU DISCOURS

DE LA LANGUE FRANÇAISE.

PROPRIÉTÉ DES ÉDITEURS.

———

Ce livre renferme tout ce qu'un bon curé, un excellent maître d'école et un digne père de famille peuvent souhaiter de plus avantageux à son paroissien, à son élève et à son fils, autant sous le rapport moral que sous le rapport didactique.

C.

DIALOGUE

SUR LES SIGNES ORTHOGRAPHIQUES

ET LES

DIX PARTIES DU DISCOURS

DE LA

LANGUE FRANÇAISE.

PAR J. F. ALLIER, ANCIEN INTITUTEUR

ET

L'ABBÉ RICHARD, ANCIEN DIRECTEUR D'ÉCOLE SECONDAIRE.

MÉTHODE TRÈS-AGRÉABLE ET LA PLUS ABRÉGÉE POUR ARRIVER A LA
PARFAITE CONNAISSANCE DE LA GRAMMAIRE.

AVIGNON

SEGUIN AINÉ, IMPRIMEUR-LIBRAIRE
rue Bouquerie, 13,

1857

LETTRE

DES AUTEURS DU DIALOGUE

AUX PÈRES DE FAMILLE.

Messieurs,

En livrant à la publicité notre dialogue sur les signes orthographiques et sur les dix parties du discours de la langue française, nous croyons rendre à tous, mais particulièrement à l'enfance, un service signalé, puisque nous lui donnons des fleurs, en échange des rudes épines dont la grammaire est hérissée. Quiconque aura lu avec application la préface, où les avantages de notre méthode sont longuement développés, se rangera facilement à notre avis.

A la vérité, cette précieuse découverte arrive un peu tard; mais, la science, s'élevant tantôt dans les plus hautes régions, et creusant tantôt dans les profondeurs les plus reculées, n'aperçoit pas quelquefois devant elle, ou à la superficie, la solution du problème le plus avantageux à la masse du peuple.

Au reste, qu'importe l'époque d'une décou-

verte, ou la valeur scientifique de celui qui la
fait? l'essentiel, c'est de manifester, à la face
de l'univers, son utilité et son importance.

D'ailleurs, nous ne saurions trop vous exhor-
ter à suivre les conseils renfermés dans notre
avertissement. Le progrès de vos enfants dans la
vertu et dans le savoir n'est assuré qu'à ce prix.
Vous les voulez sages, vous les voulez instruits,
n'est-ce pas? Or, comme la sagesse et l'instruction se tiennent ordinairement par la main, si
cette dernière se développe plus vite chez eux,
au moyen de notre invention, il en sera ainsi de
la première. Nous vous offrons donc à la fois
deux avantages également estimables : puissiez-
vous les mettre à profit !

PRÉFACE.

—

En publiant notre travail, nous n'avons en
vue que le plaisir de rendre à la jeunesse, aux
pères de famille, au genre humain tout entier, un
de ces rares services qu'on ne saurait trop payer,
et pour lequel néanmoins nous ne demandons
que la prompte application de notre méthode.

En effet, qu'y a-t-il de plus curieux que l'enfant et de plus aride que les éléments d'une
grammaire? Or, la curiosité sympathise avec
l'aridité, comme le chien avec le chat.

Aussi, un professeur expérimenté, qui connaît cette antipathie mieux que personne, a coutume de mêler des traits frappants à ses leçons
de grammaire, pour affaiblir, autant qu'il peut,
la grande aversion que les enfants ont pour elles.

Les deux exemples ci-dessous mettront en
évidence notre apathie pour les éléments des
langues dans notre bas âge.

Représentez-vous un maître au milieu de deux
ou trois dizaines de disciples. S'il sait leur bro-
der une prétendue histoire de voleurs, d'assassins, de forbans et de cannibales, fût-on assis

sous un ciel brûlant, ils écoutent tous avec une attention si profonde, que le moins mémoratif d'entr'eux peut la répéter sans oublier la moindre circonstance.

Qu'il soit question, au contraire, d'une leçon de grammaire, que le même maître a expliquée fort au long; si le temps est froid, les écoliers ne sont occupés que de se chauffer les pieds et les mains; si la chaleur est excessive, ils s'endorment du sommeil le plus profond : ce qui serait vraiment risible, s'il n'était pas le tourment de tout honnête instituteur.

On n'exagère rien, puisque l'on raconte simplement ce qui a lieu partout.

C'est pourquoi, mêler l'agréable à l'aride, au triste l'enjoué, au fade le piquant, c'est résoudre sans contredit un difficile problème pour l'enfance.

Voici donc l'exposé de notre plan : en personnifiant les signes orthographiques et les dix parties du discours, et, en les faisant paraître sur la scène, comme des acteurs, nous piquons la curiosité des enfants, en même temps que, par un mélange d'ironies, de facéties, de moralité et de raison à leur portée, nous dissipons la peur que leur inspire la grammaire.

Au reste, nous aimons ce qui est court, lorsque nos idées commencent à peine à fonctionner. Or, la forme dialogique s'adapte parfaitement à cette faiblesse du bas âge : premier pas vers le progrès de l'instruction.

En intercalant, dans les éléments de grammaire, certaines idées, certaines réflexions, quelquefois un peu originales et assaisonnées selon le goût de l'enfance, nous la tenons éveillée par l'appât de la nouveauté, étant toute joyeuse d'apprendre au milieu des amusements : second pas vers le même progrès.

Pour la clarté, nous ne laissons rien à désirer. S'il arrive qu'une phrase soit un peu entortillée, la suivante lui donne la couleur qui convient. Comme les enfants aiment, d'ailleurs, les contrastes, ceux-ci ne manquent pas dans notre livre : troisième et dernière qualité, qui le mettra infailliblement en très-grande recommandation.

Aussi, et nous en avons la ferme conviction, dès que notre dialogue aura fait son apparition dans le monde, non-seulement l'enfance, mais encore la jeunesse, les pères et les mères même, l'auront souvent entre les mains, tandis que la grammaire est aujourd'hui le livre le plus poudreux des bibliothèques. Trouverait-on quelqu'un dans un village qui la repasse de temps en temps ? s'il en existait un quelque part, il serait permis de le citer comme un prodige. On trouve

1*

la cause de cette apathie dans l'impossibilité de comprendre : vice détruit à tout jamais.

Notre méthode hâte donc le progrès, le rend attrayant, et par là facile, l'assure même aux plus ingrates dispositions.

« C'est par trop fort ; cela ne saurait être, dira quelqu'un : il en sera de votre invention comme de toutes les autres ; après un peu de bruit, elle s'en ira en fumée, ainsi que toutes ses devancières. »

Ce sont là des mots, et des mots qui ne méritent pas une réponse sérieuse.

Si, après vous être pourvu de notre dialogue, vous vous contentez de le lire une seule fois, le fermant ensuite pour ne plus l'ouvrir, il est certain que vous n'en recueillerez aucun fruit. La puissance de Dieu pourrait seule produire l'effet contraire.

Mais, que le maître, ou la maîtresse de vos enfants, sachent leur bien distribuer les rôles, ayant égard à ce qu'ils contiennent de facile ou de difficile à apprendre, à ce qu'ils sont plus longs ou plus courts, les adaptant à l'âge, à l'intelligence et à la mémoire d'un chacun ; qu'ils exigent avec la dernière sévérité qu'ils soient parfaitement sus, sans oublier que les interlocuteurs seront tous réunis pendant les exercices préparatoires ; si avant deux mois au plus, ils ne connaissent pas tous les éléments grammaticaux, nous méritons de passer pour des charlatans, au lieu de bienfaiteurs du peuple.

Pourtant, tout ne doit pas se borner là, à moins que tous les membres de la famille ne soient résolus à ne jamais mettre la plume à la main. Dans le cas contraire, il sera établi un règlement de lire chaque soir, en hiver, un signe orthographique et une des dix parties du discours, les alternant ainsi jusqu'au printemps. Cette lecture, bien loin de fatiguer, servira de récréation aux uns et rappellera aux autres ce qu'ils ont appris à la pension. Ils en seront tous d'autant plus charmés, que le temps, au lieu de se perdre en vaines futilités ou en causeries coupables, s'emploie très-utilement : car, qui ne désire pas de parvenir à écrire correctement une phrase, à savoir faire une lettre, un billet à ordre et tout autre papier relatif aux affaires de son ménage? Que l'on soit jeune, que l'on soit vieux, père, fils, domestique, on est également intéressé à l'exercice conseillé.

Nous ne dirons rien de plus, parce que chacun a maintenant de notre travail l'idée qu'il est juste de s'eu former. C'est pourquoi, nous finissons notre préface par demander au Seigneur de féconder une œuvre entreprise pour sa plus grande gloire.

INTERLOCUTEURS.

—

LA GRAMMAIRE.

LE MAÎTRE.

LA CÉDILLE.

L'APOSTROPHE.

LE TRÉMA.

LE NOM.

L'ADJECTIF.

LE TRAIT D'UNION.

LE VERBE.

L'ADVERBE.

LA CONJONCTION.

LES ACCENTS.

LES GUILLEMETS.

LA PARENTHÈSE.

LA PONCTUATION.

L'ARTICLE.

LE PRONOM.

LE PARTICIPE.

LA PRÉPOSITION.

L'INTERJECTION.

DIALOGUE

SUR LES ÉLÉMENTS

DE LA

GRAMMAIRE FRANÇAISE.

PREMIER ACTE.

—

PREMIÈRE SCÈNE.

VICTOR ET CASIMIR.

VICTOR.

(*Victor, s'approchant de Casimir qui pleure à chaudes larmes et se frotte les yeux avec le bout des doigts, lui dit :*) O mon cher, qu'as-tu donc ? que t'est-il arrivé de tragique ? quelque animal vient-il de te mordre ? quelque condisciple t'aurait-il donné un mauvais coup ? allons, parle, explique-toi ; dis au juste ce qu'il en est. Mais quoi ! tu ne me réponds pas ! tu oses garder un silence écrasant pour ma tendresse pour toi ! prends courage, en pensant que je suis un autre toi-même, le plus tendre et le meilleur de tes amis. N'aurais-tu pas honte de me cacher

un secret, lorsque je te manifeste, à chaque
heure du jour, les sentiments les plus intimes
de mon cœur? Hélas! j'ai la simplicité de te dire
tout ce qui me concerne, et tu me caches peut-
être un rien. Courage, donc! montre que tu es
mon ami.

CASIMIR.

(*Casimir, d'une voix presque étouffée par les
sanglots, répond:*) Laisse-moi donc tranquille;
cela n'est rien.

VICTOR.

Mais encore, il y a peu de temps que, riant
aux anges, tu étais d'une gaieté charmante: re-
marquant sur mes joues une légère teinte de
tristesse, tu me demandais la cause de mon chagrin; tu dois te rappeler ma réponse tout à fait
digne de mon amitié. Suis-je donc seul d'aimer?
ton cœur serait-il, pour moi, froid comme la
glace?

Si je me trompe, fais-le-moi connaître, en
me confiant le sujet de tes gémissements et de
tes pleurs. Tu cries, tu sanglottes, comme si
l'on venait de t'assassiner. Est-ce que ces trépi-
gnements et cette agitation fébrile ne signifient
rien? que faut-il donc qu'il y ait pour marquer
quelque chose? Allége! allége mes épaules: car
elles ne peuvent plus porter le poids dont ta

douleur les accable. Tire-moi le plus tôt possible
du cruel embarras où je suis.

CASIMIR.

(*Avec à peu près la même voix :*) Je te dis de
me laisser tranquille.

VICTOR.

Pourquoi donc continues-tu toi-même de pleurer? Si tu veux que je t'obéisse, commence par
te soumettre le premier à mon commandement.
Ne pleure plus, et ma bouche ne tentera plus
d'arracher ton secret.

Mais enfin, cher ami, tu me connais; tu sais
combien je te chéris; que tu m'es presque plus
cher que mon frère; que je ne saurais vivre sans
toi : juge donc de ma profonde douleur en face
de ton désespoir. Puis-je te voir gémir, san-
glotter, fondre en larmes, sans que mon cœur
ne soit cruellement déchiré? ton triste état l'inquiète trop, le tourmente trop pour cela. Ah !
oui ! je suis près de succomber sous le faix de
mon immense douleur, si le ciel ne vient pas à
mon secours. Mais si un mot de ta part peut
me soulager, me guérir même, pourquoi ne le
prononcerais-tu pas?

CASIMIR.

La honte me retient; je n'ose point te dire ce
qu'il en est.

VICTOR.

Un chien s'est-il jeté sur toi et t'a-t-il déchiré la jambe?

CASIMIR.

Non !

VICTOR.

Un condisciple, avec qui tu t'es disputé, t'a-t-il porté un mauvais coup ?

CASIMIR.

Non !

VICTOR.

Cependant, on ne s'arrache pas les cheveux, on ne se déchire point les chairs; les yeux ne se changent pas en deux fontaines de larmes pour des riens.

CASIMIR.

Tu as bien raison, cher ami; mais si tu savais !

VICTOR.

C'est inutile que je sonde davantage, dans l'impossibilité où je crois être de deviner. En connaissant moins tes parents et leur vive tendresse pour toi, je pourrais attribuer tes sanglots à la colère passagère de l'un ou de l'autre; mais ton père est d'un caractère trop doux, et ta mère t'idolâtre trop pour les soupçonner d'un si barbare traitement.

(Les soupirs, les sanglots et les larmes de Casimir redoublent à ces dernières paroles.)

CASIMIR.

Ah ! que je suis malheureux !

VICTOR.

Je ne m'y reconnais plus : ou tu es devenu idiot, niais, fou ; ou tu as commis quelque énorme faute, digne du plus sévère châtiment.

CASIMIR.

Tu connais ma manière de vivre aussi bien que la tienne : car nous ne nous sommes jamais rien caché. Mes sentiments te sont connus aussi bien que de moi. Je suis ce que tu sais, ni plus, ni moins.

VICTOR.

O profondeur ! au lieu de t'éclaircir, tu deviens impénétrable à mon entendement.

CASIMIR.

Je le crois bien.

VICTOR.

Explique-toi donc ; un mot sorti de ta bouche éclaircira tout.

CASIMIR.

Il ne mettra ni mes os en leurs places, ni le calme dans ma profonde douleur.

VICTOR.

De nouveaux nuages, plus épais que les premiers, me dérobent entièrement la vue. Qu'as-tu donc? explique-toi enfin. Il suffit que tu penses à ma qualité de ton plus fidèle et dévoué ami, pour que rien ne te retienne plus.

CASIMIR.

Puisque tu le veux absolument, je te le dirai.

VICTOR.

Cet acte de confiance est nécessaire à ton repos, au retour à ton contentement ordinaire. Ignores-tu que les consolations d'un ami sont les plus efficaces de tous les remèdes?

CASIMIR.

Mon père m'a frappé avec tant de violence, que je me meurs de confusion et de douleur.

(*Redoublement des larmes et des gémissements de Casimir.*)

VICTOR.

C'est impossible! c'est impossible! y a-t-il au monde un père plus patient, moins emporté que le tien?

CASIMIR.

C'est si possible, que j'en porte les sanglantes et douloureuses contusions.

(*Casimir montre à Victor des meurtrissures de couleur rouge-violet.*)

VICTOR.

Quel crime as-tu donc commis? t'es-tu rendu coupable d'une grave désobéissance?

CASIMIR.

Qui obéit mieux que moi?

VICTOR.

Te reproche-t-on quelque irrévérence?

CASIMIR.

Qui parle à ses parents plus respectueusement que moi?

VICTOR.

Il faut bien pourtant qu'il y ait un motif quelconque : car nos parents ne nous frappent point aussi rudement sans raison.

CASIMIR.

Maudite grammaire! je voudrais que les vers t'eussent rongée depuis des siècles.

VICTOR.

Que dis-tu donc? ta pauvre tête s'en irait-elle? Est-ce que tes deux grands'mères ne sont pas mortes?

CASIMIR.

Entendons-nous? Je ne parle ni de la mère de

mon père, ni de la mère de ma mère ; mais de ce vilain livre, appelé grammaire, qui fait le tourment de tous les écoliers.

VICTOR.

Tout ceci a grandement besoin d'explication. Qu'as-tu à démêler avec elle ? je suis moi-même bien tranquille à son sujet, la connaissant aujourd'hui aussi bien que l'an passé, que l'année d'avant, que le jour de ma naissance.

CASIMIR.

Mon père ne pense pas, comme nous, sur cet article d'une extrême importance à son point de vue : la connaissant mieux que le maître, parce qu'il a fait de très-bonnes études, il prétend que je marche sur ses traces.

VICTOR.

Qui t'empêche de contenter son goût ? Te mettant dès demain à l'œuvre, tente de me devancer sans craindre de me voir courir après toi.

CASIMIR.

Le conseil est bon : car tout le mal est venu de ce que je n'ai su répondre à aucune des questions de mon père sur la grammaire.

(*Xavier et Adolphe, élèves de la même pension, poussent un cri de joie, en voyant Victor et Casimir s'entretenir ensemble. Que nous som-*

mes heureux de vous trouver ici ! *disent-ils*, nous vous cherchions de toute part pour vous annoncer une heureuse nouvelle.)

DEUXIÈME SCÈNE.

CASIMIR, VICTOR, XAVIER et ADOLPHE.

VICTOR.

Nous étions à parler ici d'un fait tout à fait regrettable. Casimir a été battu si rudement par son père, à cause de son ignorance sur les éléments de la grammaire, qu'il porte sur tout son corps de larges et profondes déchirures. Ce barbare traitement nous intéresse tous : car mon père, ou un des vôtres, entraîné par l'exemple du sien, ne peut-il pas essayer ce soir, ou demain matin, du même remède sur nous?

XAVIER.

Vous ne savez donc pas la bonne nouvelle?

VICTOR.

La meilleure nouvelle pour le moment, c'est de consoler notre ami Casimir dans l'état de désespoir où il est, et d'aviser ensuite aux meilleurs moyens de conjurer les éclats de foudre, pouvant nous atteindre d'un instant à l'autre.

XAVIER.

Grand Dieu! sait-on?.....

VICTOR.

Il faut d'abord courir au plus pressant. Lorsque Casimir aura repris sa sérénité ordinaire ; (qui était plus gai que lui avant l'horrible catastrophe ?) lorsqu'il partagera nos amusements sans préoccupation du passé ; vous pourrez nous raconter alors tout ce que vous croirez nous être agréable.

ADOLPHE.

Notre nouvelle peut contribuer puissamment à hâter l'accomplissement de vos désirs.

VICTOR.

Si cela est ainsi, le plus tôt sera le meilleur, le prompt retour de Casimir à sa bonne humeur ordinaire, m'intéressant par-dessus tout. Mais est-il bien lui-même de ce sentiment ?

CASIMIR.

Vous avez trop de bonté pour moi. Ne sommes-nous pas quatre amis inséparables ? Ce qui plaît aux uns, doit plaire aux autres. Parlez donc, si vous croyez qu'il soit utile de le faire.

XAVIER.

Vous connaissez tous le profond dégoût que nous inspire l'étude de la grammaire française.

VICTOR.

C'est horrible ! c'est à ne pouvoir pas y tenir !

XAVIER.

Ce dégoût est si universel qu'un bon grammairien est un être à part, privilégié et jouissant de la plus grande considération.

VICTOR.

Cependant tout le monde l'étudie ; elle est entre les mains de tous les enfants.

XAVIER.

D'où vient donc qu'un si petit nombre la savent convenablement ?

ADOLPHE.

Prenez-vous-en à la manière de l'enseigner. Tout dépend d'une excellente méthode.

VICTOR.

Le difficile, c'est de l'imaginer et de la reconnaître bonne par le succès.

XAVIER.

Tout est fait, et c'est de quoi nous venons nous entretenir avec vous.

VICTOR.

(*S'adressant à Casimir :*) Console-toi vite, cher ami ; tu ne seras plus battu par ton père au sujet de la grammaire, et nous éviterons nous-mêmes désormais cet horrible malheur.

CASIMIR.

Je le souhaite de tout mon cœur. Mais quelle explication donne-t-on ?

XAVIER.

Si la grammaire, telle qu'elle est, était moins insipide, bien loin de l'étudier avec plus de répugnance que tout autre livre, on l'apprendrait avec d'autant plus d'empressement et de plaisir, qu'elle est la base de toute solide instruction. Que peut-on devenir sans la connaissance des éléments qu'elle renferme ?

VICTOR.

Si cela est ainsi, pourquoi passons-nous le temps à jouer, au lieu de le consacrer uniquement à son étude ?

XAVIER.

Que la grammaire, au lieu d'être triste, morne, grave, sévère, devienne gaie, enjouée, légère, folâtre comme les enfants, et son procès est gagné.

VICTOR.

S'il était possible de la peindre avec ces diverses couleurs, je trouve que tu as mille fois raison.

ADOLPHE.

C'est si possible, que le miracle est fait.

VICTOR.

Comment! explique-toi.

ADOLPHE.

On a divisé la grammaire en deux dialogues, contenant chacun divers actes et différentes scènes : le premier enseigne les éléments, et le second, les deux sortes d'analyses et les diverses règles de la syntaxe.

VICTOR.

Jusque-là, je ne vois rien de bien remarquable. Qu'une marâtre soit habillée d'une manière ou de l'autre, cesse-t-elle pour cela d'être méchante ? quelques-uns d'entre nous pourraient nous le dire. Ainsi, que la grammaire soit en dialogues ou autrement, elle est toujours la grammaire, le cauchemar des écoliers.

ADOLPHE.

Tu l'ignores peut-être ! on a intercallé dans les dialogues certaines facéties, des mots piquants, diverses tournures, qui, ravivant la curiosité de l'esprit, le font soupirer après ce qui suit.

VICTOR.

C'est quelque chose ; mais ce n'est point assez, le travail ne devant pas être moindre.

2

ADOLPHE.

Nous aurons très-peu à faire avec la nouvelle
méthode, et nous apprendrons pourtant vite et
bien : tout en gravant nos propres jeux dans nos
esprits, nous retiendrons ceux des autres, qui
ne cesseront pas de les répéter fort haut en notre présence dans les exercices préparatoires.

VICTOR.

Juste combinaison ! progrès incontestable !
que les inventeurs de cet utile mécanisme re-
çoivent donc ici l'expression de notre vive reconnaissance. Sont-ils connus ?

ADOLPHE.

Leurs noms sont écrits en tête de chaque dialogue.

VICTOR.

Ceux-là doivent vivement affectionner le
peuple.

ADOLPHE.

Il ne faut pas en douter.

CASIMIR.

Cette inattendue et heureuse nouvelle m'a
parfaitement guéri.

(En ce moment, s'avance avec gravité une jeune
dame, d'une mise décente, quoiqu'un peu co-
quette, d'un aspect noble et imposant, d'une

agréable figure, le sourire sur les lèvres et en-
tourée d'une foule d'enfants. Après s'être assise
sur un pliant, elle fait signe à la joyeuse troupe
de s'asseoir sur les chaises environnantes.)

TROISIÈME SCÈNE.

LA GRAMMAIRE, LES ENFANTS DE SA SUITE,
ADOLPHE, XAVIER, CASIMIR, VICTOR.

LA GRAMMAIRE.

Que je me félicite de me trouver au milieu
de vous, après l'utile et glorieuse transforma-
tion que je viens de subir! La nouvelle manière
de m'enseigner a déjà trop fait de bruit, pour
que je me permette de vous la décrire ici. Oui!
il me suffira de vous dire que je serai aussi con-
nue à l'avenir que j'étais ignorée par le passé.
Aucun de vous ne refusera de faire connaissance
avec moi. Quel contentement pour vos familles!
quelle intarissable source de joie pour vous-
mêmes!

CASIMIR.

Nous ne serons plus battus par nos pères à
votre occasion.

LA GRAMMAIRE.

Non, il ne faut plus s'attendre à de mauvais
traitements de leur part. En apprenant bien et

vite, comme vous allez le faire, au lieu de vous battre, ils vous caresseront.

CASIMIR.

La verge ne déchirera plus nos chairs.

LA GRAMMAIRE.

Sans doute; que souhaite de mieux un père que de voir son fils croître en vertu et en savoir?

CASIMIR.

C'est juste, Madame; mais il me tarde d'assister à une de vos nouvelles leçons pour calmer le courroux du mien, en lui montrant que je profite.

LA GRAMMAIRE.

Depuis quel temps êtes-vous à la pension?

CASIMIR.

Depuis plus de six ans.

LA GRAMMAIRE.

Et vous ne savez encore rien!

CASIMIR.

Je connais un peu de lecture, d'écriture et les deux premières règles de l'arithmétique.

LA GRAMMAIRE.

Vous me laissez donc dans l'oubli.

CASIMIR.

Je vous ignore sous tous les rapports. Ma

crasse ignorance à votre sujet a porté même
papa à me cribler de coups.

LA GRAMMAIRE.

Ne m'a-t-on jamais mise entre vos mains?

CASIMIR.

Je vous étudie depuis deux ans.

LA GRAMMAIRE.

Est-il possible! est-il possible!

CASIMIR.

C'est tellement possible que cela est, comme
il vous serait facile de vous en convaincre.

LA GRAMMAIRE.

Si le temps me le permettait, je pourrais vous
adresser quelques questions. Mais.....

CASIMIR.

Au reste, c'est si inutile, que je ne saurais
que vous répondre.

LA GRAMMAIRE.

Que faisiez-vous donc, lorsque vous m'aviez
sous les yeux?

CASIMIR.

Je bayais aux corneilles, ou je prenais des
mouches avec la main.

2*

LA GRAMMAIRE.

Mais vous donniez le mauvais exemple à vos condisciples.

CASIMIR.

Nous avions tous la même passion pour vous.

LA GRAMMAIRE.

Aucun de vous donc ne me connaît ?

CASIMIR.

Personne.

LA GRAMMAIRE.

Quel troupeau de moutons !

CASIMIR.

Qualifiez-nous comme il vous plaira ; nous méritons tout de votre juste indignation.

LA GRAMMAIRE.

C'est quelque chose à votre âge.

CASIMIR.

Nous aimons la vérité.

LA GRAMMAIRE.

Bénis soient donc les inventeurs de la nouvelle méthode ! vous serez plus instruits à l'avenir.

CASIMIR.

Nous en avons horriblement besoin pour éviter la bastonnade.

LA GRAMMAIRE.

Oh! oui! vous l'éviterez, soyez-en bien sûrs.

CASIMIR.

Le miel de vos paroles cicatrise mes plaies.

LA GRAMMAIRE.

Tranquillisez-vous, mon enfant!

CASIMIR.

Je serai un peu troublé, jusqu'à ce que je sache quelques-uns de vos principes : car, mon père, qui les connaît tous à fond, désire avec tant d'ardeur que je fasse connaissance avec eux, que tout me fuira, même le sommeil, jusqu'à cette époque.

LA GRAMMAIRE.

Je ne puis plus résister à vos pressantes sollicitations. Aussi, malgré mon habitude et la résolution de ne pas empiéter sur les droits de mon représentant parmi vous, il me prend envie de vous dire qui je suis.

CASIMIR.

Vous charmerez tout votre auditoire.

LA GRAMMAIRE.

Je suis donc l'art de parler et d'écrire correctement (c'est-à-dire, selon certains usages), tous les mots de la langue française.

CASIMIR.

Comment écrirons-nous donc des phrases, si vous ne nous apprenez qu'à écrire des mots ?

LA GRAMMAIRE.

Les phrases sont composées de mots, et les mots, de lettres, qui sont de deux sortes : les voyelles et les consonnes.

CASIMIR.

Il serait bon de les savoir distinguer les unes des autres.

LA GRAMMAIRE.

Vous avez raison. Les voyelles sont donc a, e, i, o, u, et y. Toutes les autres lettres sont consonnes.

CASIMIR.

Ce genre d'exposition me convient parfaitement.

VICTOR.

A moi aussi.

ADOLPHE.

Je le crois.

XAVIER.

C'est une véritable merveille.

LA GRAMMAIRE.

Je suis plus que satisfaite de vos approbations.

XAVIER.

Est-ce que la suite est conforme à ce que nous venons d'entendre ?

LA GRAMMAIRE.

Il ne faut pas y mettre le moindre doute : car tout y est à l'avenant.

XAVIER.

Auriez-vous la bonté de nous définir encore les voyelles et les consonnes ?

LA GRAMMAIRE.

Je n'ai rien à vous refuser. Les voyelles et les consonnes sont donc comme une cloche et son marteau, celles-ci ne faisant du bruit qu'en frappant sur celles-là. Les premières forment seules des mots ; les secondes ne le peuvent sans le secours des autres.

CASIMIR.

Nous vous écoutons avec tant d'application, que toutes vos paroles se gravent dans notre souvenir.

LA GRAMMAIRE.

C'est de votre plus grand intérêt. On peut devenir riche et puissant sans travailler soi-même. Il n'en est pas ainsi de la science : elle ne se donne qu'à celui qui sue pour se la procurer.

CASIMIR.

Nous le savons par expérience. Si nous mangeons des poires et des abricots, sans avoir cultivé les arbres qui les produisent, nous n'apprenons pas sans beaucoup de peine, à lire, à écrire et à calculer.

LA GRAMMAIRE.

Il y a deux consonnes faisant un double emploi, l'*h* et l'*y*.

L'*h* est muette ou aspirée : dans le premier cas, on la supprime dans la prononciation : *l'homme*, comme s'il y avait *l'omme* sans *h*.

Dans le second cas, elle fait prononcer du gosier la voyelle qui suit : *le hameau, la hache.*

Au commencement et à la fin des mots, l'*y* fonctionne comme un seul *i* ; *yacht, Ivry*; et dans le corps des mots, comme deux *ii, ayant*; mais il doit être précédé et suivi d'une voyelle.

CASIMIR.

Comme c'est simple, clair, engageant! oh! que mon père va être content !

VICTOR.

Tu n'as pas besoin de le dire ; nous le savons aussi bien que toi.

TOUS LES ENFANTS.

Ah! quel bonheur pour nous, pour nos familles, pour le genre humain tout entier!

LA GRAMMAIRE.

Je désirerais bien de continuer encore cet exercice ; mais de nombreuses affaires me surviennent de tous les côtés. Il faudrait que je me multipliasse à l'infini, sans pouvoir satisfaire à toutes les exigences. La nouvelle invention me donne ce surcroît de travail. Partout on veut me voir, m'entendre expliquer le nouveau système : on peut croire que depuis le quart-d'heure que je vous préside, on a frappé plusieurs fois à ma porte|: c'est un va-et-vient continuel.

CASIMIR.

Vous nous annoncez-là une bien triste nouvelle.

VICTOR.

En effet, qu'allons-nous devenir en votre absence ?

ADOLPHE.

Nous allons retomber dans le même dégoût.

XAVIER.

Jean s'en alla comme il était venu.

CASIMIR.

Le ciel s'obscurcit, le tonnerre gronde, il va encore pleuvoir des coups de bâton.

LA GRAMMAIRE.

Vous vous désespérez trop vite. La maturité

des réflexions, n'est pas malheureusement de votre âge. Quand je vous annonce mon inévitable départ, ce n'est, ni pour vous laisser seuls, ni pour continuer les errements de l'ancien système. Si vous suivez les avis que je vais vous donner, vous profiterez aussi bien que si je restais au milieu de vous.

VICTOR.

Si vous parvenez à ce but, vous ferez un vrai miracle.

CASIMIR.

C'est de la dernière évidence.

LA GRAMMAIRE.

Que vous proposez-vous en fréquentant l'école? que se proposent vos pères et vos mères en vous y envoyant?

XAVIER.

Nous avons en vue, ils ont en vue notre instruction.

LA GRAMMAIRE.

Est-ce tout?

ADOLPHE.

Nous voulons, ils veulent notre progrès dans les voies de la sagesse.

LA GRAMMAIRE.

C'est très-bien répondu, mon enfant. En fé-

condant ces pensées, vous deviendrez un des
plus beaux ornements de la patrie, la consolation de vos proches et un exemple de bonne
odeur pour vos concitoyens.

CASIMIR.

Votre présence ici est nécessaire pour cela.

LA GRAMMAIRE.

Quelle différence établissez-vous entre dire
soi-même une chose, ou la faire dire par un
autre ? L'expression n'est-elle pas la même dans
les deux cas ?

CASIMIR.

Je ne puis en disconvenir sans mensonge.

VICTOR.

C'est tout de même.

LA GRAMMAIRE.

Je vais donc choisir d'abord parmi vous les
enfants les plus dignes de me représenter dans
l'exercice de mes glorieuses fonctions.

CASIMIR.

Croyez-vous, Madame, que nous puissions
parvenir ainsi.....

LA GRAMMAIRE.

Casimir, vous parlez un peu trop. Laissez-moi développer mon plan, et vous ferez ensuite vos réflexions.

VICTOR.

Cher ami, trop parler nuit. Sois donc plus réservé.

LA GRAMMAIRE.

Écoutez attentivement ; car je vais nommer les interlocuteurs.

Silvestre, vous porterez le nom d'*Accents* ; Jaubert, celui de *Trait d'union* ; Jouve, celui d'*Apostrophe* ; Paul, celui de *Guillemets* ; Firmin, celui de *Cédille* ; Anselme, celui de *Parenthèse* ; Fabius, celui de *Tréma* ; enfin, Pierre, celui de *Ponctuation*.

Maintenant que les signes orthographiques sont tous nommés, je passerai à l'appellation des dix parties du discours.

Ainsi, César sera le *Nom* ; Auguste, l'*Article* ; Adrien, l'*Adjectif* ; Constantin, le *Pronom*, Casimir, le babillard, sera le *Verbe* ; son ami Victor, le *Participe* ; Adolphe, l'*Adverbe* ; Xavier, la *Préposition* ; Grégoire, la *Conjonction* ; et à cause de sa grande vivacité, Antoine sera l'*Interjection*.

(*La métamorphose qui vient de s'opérer, produit dans toute la salle une hilarité difficile à décrire. Monsieur le Verbe ! s'écrient les uns,*

Madame la Parenthèse ! *disent les autres. On entend partout un murmure approbateur, qui ne s'apaise que sur un signe de la* Grammaire *prête à finir son discours.*)

L'édifice ainsi élevé manque encore de couronnement. Sans le chapiteau qui la domine et tient tout le reste dans une respectueuse immobilité, que deviendrait une colonne ? quelle figure ferait-elle sur la place ou dans le monument qu'elle embellit ? il en serait ainsi de vous, chers enfants, sans l'assistance d'un maître habile, plein d'expérience et ami du bas âge.

LE VERBE.

Nous désirons tous qu'il soit ferme, bien que bon, capable, sans hauteur, impartial, aimant ses élèves comme ses enfants.

VICTOR.

Tu es un intrépide parleur. Ne pourrais-tu donc pas mettre un frein à ta langue?

LE VERBE.

C'est un peu dans mon sang. Le mal que je me ferai, me corrigera peu à peu.

LA GRAMMAIRE.

Le temps est un excellent maître. On vient à bout de tout avec lui.

XAVIER.

Mettons cette sage maxime en poche : elle ne manquera pas de s'offrir souvent à nos mémoires.

LA GRAMMAIRE.

J'ai jeté les yeux sur monsieur Gasparin, une des gloires de l'enseignement primaire, et par conséquent digne de votre choix et du mien.

LE VERBE.

Nous sommes très-reconnaissants de vos bontés pour nous.

VICTOR.

Encore à ton tour.

LA GRAMMAIRE.

Ce serait inutile de vous recommander de l'aimer comme un père et de lui rendre sa mission facile au milieu de vous : car vous comprenez vos devoirs. Vous devez le considérer comme un autre moi-même.

LE VERBE.

A Dieu ne plaise que nous lui donnions le plus léger déplaisir. Tout à ses ordres, nous lui serons obéissants, fidèles et soumis, ainsi que nous le sommes envers nos pères et nos mères.

LE PARTICIPE.

Quoique ce soit sans cesse à toi à parler, tu

ᶠs bien dit les trois dernières fois. Tiens-toi pourtant sur tes gardes à l'avenir.

LA GRAMMAIRE.

En mettant à profit les conseils du *Verbe*, je réponds de vos rapides succès, dans les éléments qui constituent mon essence.

(*Tout le monde accompagne la* Grammaire *à sa sortie de la scène.*)

QUATRIÈME SCÈNE.

LE MAITRE ET TOUS LES ÉCOLIERS.

LE MAÎTRE.

Vous venez d'entendre la maîtresse des maîtresses, la maîtresse par excellence, la maîtresse dont tous les orateurs et tous les écrivains ont eu besoin pour parler et pour écrire selon les usages reçus. Sachant ce qu'elle m'a le plus recommandé, je demanderai sans cesse à Dieu la grâce d'y être fidèle, afin de pouvoir faire le bien parmi vous.

Oui, chers enfants, je vous porterai également tous dans mon cœur, vous témoignant à tous même bonté, même tendresse, chaque fois que vous aurez besoin de mon ministère. A la vérité, je porte le nom de maître ; mais cette appellation que le bon ordre demande et que vos intérêts bien entendus me forcent de porter, ne sera qu'une distinction honorifique à l'égard de ceux d'entre vous qui ne s'écarteront pas de la ligne du devoir.

Leur très-dévoué serviteur dans toutes les occasions, je leur servirai de pieds, pour les aider à gravir les sentiers de difficile accès; de mains, pour qu'ils arrachent plus facilement les ronces stériles ; d'yeux et d'oreilles, afin qu'ils voient et comprennent mieux toutes les difficultés.

LE VERBE.

Quel incomparable dévouement ! quel brasier ardent de charité! tout autre que vous nous eût rendus inconsolables de l'absence de la Grammaire.

LE MAÎTRE.

Bien loin d'avoir disparu pour toujours, elle peut reparaître à chaque heure, à chaque instant, habituée qu'elle est à visiter souvent les classes plusieurs fois le jour. Vous ignorez sans doute avec quelle maternelle sollicitude, elle veillera sur vous, sur vos progrès dans la vertu comme dans le savoir.

LE NOM.

Nous ne demandons pas mieux. Reçue avec l'expression de la joie la plus vive, elle verra toujours une légère teinte de tristesse couronner

nos fronts au moment de sa retraite du milieu
de nous : car, quand nous aimons, nous aimons, et, bien loin qu'il soit nécessaire de nous
accabler de bienfaits pour conquérir notre
amour, le moindre témoignage d'intérêt ou d'a-
mitié suffit pour cela.

L'ADJECTIF.

Nous sommes pour ainsi dire un peu semblables aux chiens, aimants, reconnaissants, sensibles et flattant nos maîtres : comme eux, les
dures réprimandes qu'ils nous font, les châtiments qu'ils nous infligent et l'obscure prison à
laquelle ils nous condamnent quelquefois, au
lieu de nous remplir contr'eux d'une implacable
haine, d'armer nos bras pour notre défense, ou
de nous soustraire à leur punition par la fuite,
nous trouvent soumis, respectueux et obéissants, attendant patiemment l'occasion de leur
manifester de nouveau notre attachement filial.

LE MAÎTRE.

Assuré que les bouches ne sont que les échos
des cœurs dans cette enceinte, je suis vraiment
ravi d'avoir été nommé votre mentor. Oh! oui,
le terrain confié à ma culture est d'une rare fécondité. Que le ciel en soit donc béni! car, il
est juste et raisonnable de le remercier de tout
bien, parce que toute bonne pensée, tout acte

vertueux , toute espèce d'héroïsme découlent du cœur du Père de tous les hommes, comme un ruisseau de sa source.

LA CONJONCTION.

Ce sont nos principes. Aussi, qu'il pleuve, qu'il neige, qu'il fasse froid ou chaud, de quelque manière que les événements marchent, nous soumettons toujours notre volonté à celle du Seigneur, puisant dans la foi au dogme providentiel, ce qui tranquillise, console et maintient l'ordre parmi les diverses conditions.

LE MAÎTRE.

Vous connaissez vos devoirs ; je n'ignore pas les miens : cela suffit entre gens qui s'estiment réciproquement.

L'INTERJECTION.

Aussi, on peut regarder comme indissolubles les liens qui nous unissent.

L'ARTICLE.

Nous serons toujours les meilleurs amis du monde.

LE MAÎTRE.

Assez ! assez ! mes enfants : vous savez qui je suis, comme je sais qui vous êtes. Si notre horizon venait donc à s'obscurcir tant soit peu, un léger souffle de notre illustre et vénérable maîtresse, ou de quelqu'un de nous, suffirait pour dissiper de suite la moindre vapeur de contradiction.

LE NOM.

Nous l'entendons bien ainsi.

L'ARTICLE.

Il faut espérer que cela ne sera pas nécessaire.

TOUS ENSEMBLE.

Non, non, non, cela ne sera pas nécessaire ; car nous serons toujours respectueux et soumis, comme de tendres agneaux.

LE MAÎTRE.

Il importe, puisque nous sommes tous ici, de fixer l'ordre de notre travail.

LE PRONOM.

C'est à vous seul de prononcer sur cet article.

LA CÉDILLE.

Notre devoir est de nous conformer à vos ordres.

LE MAÎTRE.

C'est très-bien ! les signes orthographiques voudront donc bien se tenir prêts pour mardi, à six heures du soir.

LA PARENTHÈSE.

Me serait-il permis de vous demander le motif de notre réunion ?

3*

LE MAÎTRE.

C'est pour venir rendre compte, chacun en particulier, quoiqu'en présence de tous les autres, des diverses fonctions qu'il remplit dans la construction grammaticale.

L'APOSTROPHE.

C'est compris : nous ne manquerons pas d'être à notre poste à l'heure et au jour fixés.

LE MAÎTRE.

Je compte sur votre parole.

CINQUIÈME SCENE.

LE MAITRE ET LES SIGNES ORTHOGRAPHIQUES.

LE MAÎTRE.

Je suis au comble de la joie de vous revoir tous rayonnants de santé. Je vous félicite bien sincèrement de l'exactitude exemplaire que vous avez mise à vous rendre en ce lieu.

LA CÉDILLE.

Vous êtes trop bon : celui qui remplit son devoir, ne mérite aucun compliment.

LE MAÎTRE.

Les encouragements sont toujours nécessaires, mais surtout dans les commencements.

LA CÉDILLE.

Si je ne me trompe, et que chacun de nous ait manifesté ce qui se passe réellement dans son intérieur, nous marcherons droit, de quelque manière que nous soyons traités, ne considerant que nos progrès dans les deux objets d'une bonne éducation.

LE MAÎTRE.

C'est là la meilleure disposition dont le cœur d'un élève puisse être animé. Car, sous l'influence exclusive d'un tel moteur, il avance à pas de géant dans la carrière du vrai savoir.

LA CÉDILLE.

Nous voyons avec un plaisir extrême nos sentiments être approuvés d'un maître tel que vous. Sans donc craindre de nous fâcher, lorsque vous verrez dans notre conduite quelque chose de répréhensible, ne craignez pas d'appliquer aussitôt un fer rouge sur la plaie.

LA PONCTUATION.

Nous appartenons tous à d'honnêtes parents, qui, bien loin d'improuver notre correction de la voix ou du geste, la considèreront comme le fruit d'une conscience pure.

LE TRÉMA.

Ils ne nous envoient pas à l'école, pour que nous fassions nos quatre volontés.

LA PARENTHÈSE.

Je suis principalement ici pour apprendre à obéir, étant depuis longtemps habituée à satisfaire tous mes caprices.

LE TRAIT D'UNION.

Une direction sage et éclairée assouplit les caractères les plus indociles.

LE MAÎTRE.

Ma tâche sera d'autant plus facile au milieu de vous, que je vous vois mieux disposés. Aussi, nous allons nous occuper de suite du ministère d'un chacun, en commençant par les *Accents*.

LES ACCENTS.

Puisqu'on nous fait l'honneur de nous accorder la priorité, nous entrerons sur-le-champ en matière.

D'abord, on ne nous place que sur les voyelles, ou sur des mots dont elles sont uniquement composées. De lourde, de pénible, de désagréable qu'elle serait sans nous, la lecture ou la prononciation devient, avec notre concours, légère, facile, agréable.

LA PONCTUATION.

Vous n'occupez pas pour rien la place d'honneur parmi les signes orthographiques. Auriez-vous été nommés les premiers, si vous n'étiez pas d'une indispensable nécessité ?

LES ACCENTS.

Nous avons été convoqués pour exposer ce que nous sommes.

LE MAÎTRE.

La vérité jaillit de la discussion , comme l'étincelle du caillou.

LA CÉDILLE.

La leçon est forte , mais assaisonnée d'une exquise politesse.

LES ACCENTS.

Nous sommes trois frères, appelés, le premier, *Accent aigu*, tirant de droite à gauche, *café;* le second, *Accent grave*, tirant de gauche à droite, *accès ;* et le troisième, *Accent circonflexe*, formé de la réunion des deux autres, *apôtre*, et se plaçant sur la plupart des voyelles longues.

LA CÉDILLE.

N'auriez-vous point l'obligeance de nous dire pourquoi ces trois manières de vous représenter, une seule pouvant suffire ?

LES ACCENTS.

Comme rien n'est inutile dans la grammaire française, vous voudrez bien remarquer que, lorsqu'un *é* doit se prononcer la bouche presque fermée, nous nous posons sur lui en qualité d'*Accent aigu*; que, quand au contraire il faut l'ouvrir et desserrer les dents, nous remplissons le même office comme *Accent grave*; enfin que, lorsqu'il importe de rester plus longtemps sur une voyelle que sur une autre en la prononçant, nous portons le nom de *circonflexe*.

L'APOSTROPHE.

Cette explication nous convient parfaitement à tous. Aussi, l'exemple étant bon, il sera suivi généralement.

LA CÉDILLE.

La clarté, la simplicité, la précision, voilà ce que chacun demande à notre ministère.

L'APOSTROPHE.

Comme c'est à vous à parler, faites en sorte de marcher sur les traces des *Accents*.

LA CÉDILLE.

Je n'oublierai rien pour l'utilité du public. Mais comme la divine Providence n'a pas également favorisé tout le monde des mêmes dons, j'ignore ce qui m'est réservé.

L'APOSTROPHE.

Nous vous connaissons déjà de renom. Aussi, on ne s'inquiète guère sur le plein succès de votre rôle.

LA CÉDILLE.

J'ai si peu à dire, qu'il ne vaut presque pas la peine de s'occuper de moi.

L'APOSTROPHE.

Il vous sera permis, comme à tous les autres, de placer par intervalle quelques réflexions propres à éclaircir les matières, selon le sage avis de notre directeur.

LA CÉDILLE.

En attendant d'user de cette permission, je vais me permettre de vous exposer qui je suis.

J'ai la forme d'un petit *c* [ɔ] de rebours et me prononce comme une *s: façade, maçon, reçu.* Je dois avertir que mon ministère n'a lieu que devant *a, o, u*, pour adoucir ce que le *c* a de trop dur.

L'APOSTROPHE.

Il y a dans vos paroles quelque chose de louche. Comment, en effet, fonctionner pour une *s*, sans qu'elle puisse vous remplacer au besoin? comprenne qui pourra une telle anomalie.

LA CÉDILLE.

Les éléments de la grammaire sont le résultat des plus savantes combinaisons. Les grammairiens étant venus à la suite des premiers orateurs et écrivains, ont dû se conformer à la manière

de parler et d'écrire de ces derniers. Réflexion
faite, la *Cédille* tient lieu de deux *ss*, lorsque
le *c* est entre deux voyelles, *maçon*; et d'une
seule dans les autres cas, *français*. Le pourquoi,
l'Académie l'a résolu, en conservant partout le
ç avec la *Cédille*, sans compter que deux *ss* ou-
vriraient quelquefois un *e* qui doit rester muet:
reçu.

L'APOSTROPHE.

C'est tout ce qu'il nous importe de savoir.

LE MAÎTRE.

Bien que l'exercice ait été court, nous le
renvoyons à demain, à huit heures du matin.
Vous voudrez bien vous y rendre avec la même
exactitude.

CINQUIÈME SCÈNE.

LES MÊMES PERSONNAGES QU'A LA
PRÉCÉDENTE.

LE MAÎTRE.

Messieurs, que signifie l'expression extérieure
du vif contentement que je remarque sur toutes vos figures? Êtes-vous devenus agréables à
vos familles?

LES ACCENTS.

Mon père n'a pas manqué de demander, à

mon entrée dans la maison, ce qui s'était passé
entre nous. Or, comme je lui ai raconté couramment et en bon français, vos sages avis, nos
promesses et le court exercice qui les avait suivis, il m'a mis de suite dans les mains une pièce
de cent sous.

LE MAÎTRE.

Bien que généreux, si Monsieur votre père
continue à récompenser ainsi chacun de vos
progrès, vous aurez bientôt épuisé sa bourse.

LES ACCENTS.

Ne craignez pas, Monsieur ; elle est aussi intarissable que la fontaine de notre jardin.

LE MAÎTRE.

Il est donc bien riche !

LES ACCENTS.

C'est un véritable Crésus dont ce vaste appartement ne pourrait contenir tout l'or.

LE MAÎTRE.

Travaillez donc bien, écoutez avec attention,
et vous recevrez souvent des pièces de cent
sous.

L'APOSTROPHE.

Je suis vraiment au comble de la joie : car il
y a eu régal et amusement dans la famille à
mon occasion.

LA CÉDILLE.

Avez-vous imité le Prodigue dans ses débau-
ches et dans son repentir?

LES GUILLEMETS.

C'est là une plaisanterie de mauvais aloi sous
le rapport des circonstances et du lieu où nous
sommes.

LA CÉDILLE.

Je n'ai eu aucune mauvaise intention.

LE MAÎTRE.

On ne tient pas toujours à la chaîne les premiers mouvements de son esprit.

L'APOSTROPHE.

A peine me trouvai-je en face de ma mère,
que je lui exposai dans le plus grand ordre, non-
seulement les discours des *Accents* et de la *Cédille*, mais encore l'extrême bonté, les manières
affables, le dévouement du maître à nos intérêts, notre soumission, notre respect et notre
amour pour lui.

LES GUILLEMETS.

La fîtes-vous pleurer de tendresse? vous
pressa-t-elle amoureusement contre sa poitrine?

LE MAÎTRE.

Ces questions, oiseuses en apparence, se-

raient en réalité de l'ironie dans une bouche
ennemie.

LES GUILLEMETS.

L'*Apostrophe* ne me juge pas assez défavora-
blement pour me croire capable de tant de noir-
ceur envers elle.

LE MAÎTRE.

On ressemble au loup, lorsqu'on se revêt de
sa peau.

LA CÉDILLE.

L'amitié justifie ce que condamne la haine.

LE MAÎTRE.

Quel diable d'écolier êtes-vous? il n'y a pas
moyen de vous prendre.

.LA CÉDILLE.

Je ne cours pas pourtant aussi vite qu'un
levraut.

LE MAÎTRE.

Vous avez plus d'esprit qu'une armée entière.
Apostrophe, continuez.

L'APOSTROPHE.

Ma mère donc, trop contente de mon savoir,
aussi heureuse qu'une reine sur le trône, dépê-
che aussitôt au confiseur, au pâtissier, au rô-
tisseur, au marchand de vin, afin de couvrir

la table de mets exquis, des meilleurs vins et de tout l'attirail de la goinfrerie.

A son arrivée du comptoir, mon père demande ce que c'est, ce qu'il y a de nouveau, et me prenant dans ses bras, sur le riant rapport de son épouse, il me comble de mille caresses. Pour vous exprimer tout ce que je goûtais, hier soir, de plaisir, de bonheur, il faudrait une langue plus éloquente que la mienne.

LA PONCTUATION.

Le cœur est presque toujours plus éloquent que la parole.

LA CÉDILLE.

Tout autre que moi garderait ici le silence, n'ayant rien de bien émouvant à dire.

L'APOSTROPHE.

Qu'importe ? parlez toujours ; on vous écoutera avec autant d'attention que les autres.

LA CÉDILLE.

Mon père et ma mère ne sachant d'un côté ni lire, ni écrire, et ayant, de l'autre, toutes les peines du monde pour payer le mois de pension, se sont contentés de me serrer affectueusement la main, en signe de joie, lorsque je leur ai eu raconté de la classe, du maître et des élèves tout le bien que j'en savais. Mais je dois le

dire, parce que c'est la vérité pure, je suis aussi
satisfaite de leur marque d'amour exprimée par
ce serrement de main, que les *Accents* le sont
de la pièce de cent sous qu'ils ont reçue; que
l'Apostrophe, du formidable souper donné à
son occasion.

LE MAÎTRE.

Le vrai bonheur est tout entier dans l'accomplissement de ses devoirs. La fortune et les plaisirs qu'il procure, sont plus propres à l'affaiblir qu'à le fortifier.

L'APOSTROPHE.

J'oubliais une circonstance que mes condisciples entendront volontiers. Le souper fut suivi
du jeu de la lanterne magique. Sur un drap
éclatant de blancheur, nous vîmes défiler les
armées innombrables du premier et du second
Empire, celles de la Restauration et du trône
constitutionnel, les villes les plus populeuses,
leurs magnifiques monuments, tout ce qu'il y a
de splendide et de resplendissant dans l'univers.
Aussi, je tressaille encore d'allégresse au seul
souvenir de tant de majestueuses beautés.

LE MAÎTRE.

La vertu est seule impérissable. Tout le reste
s'évanouit, comme la fumée; elle seule survit
pour être couronnée dans le ciel. Au cimetière,

les cadavres du juste et du méchant sont également rongés par les vers, mais l'âme du premier savoure dans le sein de Dieu d'inexprimables délices, tandis que celle du second est plongée dans une éternelle mer de feu.

L'APOSTROPHE.

Est-ce que les vers rongeront un jour mon corps?

LES ACCENTS.

L'argent de mon père pourra-t-il nous garantir des tourments de l'enfer?

LE MAÎTRE.

Sortis de la terre, nous retournons tous dans son sein pour redevenir cendre, c'est la conséquence de la tache originelle de notre naissance.

D'ailleurs, si étant fortunés, nous aimons les pauvres, qui sont nos frères en Jésus-Christ; si nous leur distribuons d'abondantes aumônes, nous rachèterons ainsi nos péchés, nous rendant dignes de la vie éternelle.

LES ACCENTS.

Je le dirai à papa, afin qu'il gagne le ciel par ses aumônes.

L'APOSTROPHE.

Ma mère apprendra de ma bouche les bons conseils que vous venez de nous donner.

LA PARENTHÈSE.

On pourrait revenir à l'exposition des principes de grammaire, si tout est dit sur le contentement de hier.

LE MAÎTRE.

C'est à l'*Apostrophe* à nous faire connaître ses fonctions.

L'APOSTROPHE.

On entend , par *Apostrophe* , le retranchement de l'une des trois voyelles *a, e, i*, devant un mot qui commence par une voyelle ou une *h* muette, et leur remplacement par une virgule placée au haut des consonnes qui les précèdent. Ainsi l'on écrit *l'âme* pour *la âme ; l'homme* pour *le homme ; s'il obéit*, pour *si il obéit*.

Ce signe, tout petit qu'il est, adoucit considérablement le son des mots où il se trouve. Sans cette ingénieuse création, les oreilles eussent été souvent fatiguées par la rudesse de la prononciation.

LES ACCENTS.

Lorsque votre mère saura avec quel charme vous venez de vous acquitter de votre rôle, tous les bonbonniers de la ville vont être mis à contribution.

LES GUILLEMETS.

Ce ne sera plus une simple pluie, mais un vrai déluge de friandises et de biscuits.

LE MAÎTRE.

Occupons-nous d'affaires un peu plus sérieuses. *Tréma*, expliquez-vous.

LE TRÉMA.

Quoique de moindre dimension que l'*Apostrophe*, je suis au moins aussi utile qu'elle dans la langue française.

L'APOSTROPHE.

Qui vous le dispute?

LE MAÎTRE.

L'orgueil est le plus inexorable des tyrans.

LE TRÉMA.

En effet, si je ne me plaçais point sur les voyelles *ë*, *ï*, *ü*, pour être prononcées séparément de la voyelle précédente, comme dans *Ismaël, Moïse, Ésaü*, la signification de ces mots serait tout autre.

LA CÉDILLE.

Vous avez oublié les signes de votre représentation : si vous aviez la bonté de nous les dire, nous vous en saurions très-bon gré.

LE TRÉMA.

Rien de plus juste que votre observation et
le vœu qui l'accompagne ; aussi, j'ai hâte de
m'exécuter. Deux petits points, surmontant les
lettres citées, sont mes seules armoiries.

L'APOSTROPHE.

Nous sommes tous convaincus de la grandeur
du mérite du *Tréma*.

LE MAÎTRE.

Vous osez revenir encore sur un chapitre qui
vous a mérité un blâme de ma part.

L'APOSTROPHE.

A tout bien considérer, les dix parties élé-
mentaires et les diverses figures de notre langue
forment un tout si parfait, que, quoi qu'on en
retranche, suffit pour produire infailliblement
une extrême confusion. Il est donc très-essentiel
de respecter les prérogatives de chaque figurant,
afin que, concourant tous également à la perfection de l'ensemble, il y ait vraiment harmo-
nie dans les sons.

LES ACCENTS.

Vous venez de trop bien parler pour que l'on
rappelle votre espiéglerie de naguère. Désormais, lorsque quelqu'un de nous jouera son
rôle, ne dites rien pour le mortifier.

4

L'APOSTROPHE.

Croyez qu'il n'y a pas malice de ma part.

LES ACCENTS.

Cette manie peut vous faire passer pour ja-
loux du mérite d'autrui , et par conséquent
comme plein d'une sotte vanité.

L'APOSTROPHE.

Ce conseil mérite d'autant plus d'être pris en
considération, que je ne me suis pas trompée
sur le sens des paroles de notre bon maître.

LE MAÎTRE.

Je suis ici pour abaisser ce qui s'élève et pour
élever ce qui s'abaisse. Dieu et le devoir avant
tout et sur tout. A ce soir, à trois heures
précises.

SIXIÈME SCÈNE.

LE MAITRE, LE TRAIT DUNION, LES GUILLE-
METS, LA PARENTHESE et LA PONCTUATION.

LE MAÎTRE.

Il en manque quatre d'entre vous ; que sont-
ils donc devenus?

LES GUILLEMETS.

Trois assistent aux noces d'un parent. Mais
nous ne savons rien touchant la *Cédille*.

LE TRAIT D'UNION.

On commence à parler de nos exercices en
ville, et les rapports qu'on en fait, sont si favo-
rables, qu'on sera dans la nécessité de refuser le
grand nombre d'élèves qui se présenteront.

LA PONCTUATION.

J'ai entendu beaucoup parler dans le même
sens.

LA PARENTHÈSE.

On répète sur tous les tons que c'est ici le
meilleur pensionnat de la localité.

LE MAÎTRE.

C'est un honneur pour vous et pour moi. Si
votre conduite n'était pas édifiante et que vous
ne fissiez aucun progrès dans le savoir, au lieu
de vous louer, on nous accablerait des plus noi-
res calomnies. La vertu a donc toujours le même
attrait, et le progrès dans le savoir, aussi.

LA PARENTHÈSE.

Nos pères redoutent que si la pension deve-
nait trop nombreuse, nous fussions un peu né-
gligés.

LE MAÎTRE.

Ils ne connaissent pas la puissance de la nouvelle méthode. Avec elle, mille marchent mieux
qu'un écolier tout seul.

4.

LES GUILLEMETS.

Comment cela ?

LE MAÎTRE.

Ce sont les répétitions multipliées, les exercices à voix haute, les éléments sans cesse pro-
clamés, qui gravent d'une manière ineffaçable
dans tous les esprits ce qu'il faut savoir pour
parler et pour écrire sa langue.

LES GUILLEMETS.

Il est bon que nous fassions part de cette remarque à nos chers parents.

LE TRAIT D'UNION.

Le préjugé dont on a parlé sera bientôt effacé
de leur mémoire.

LA PARENTHÈSE.

Ils ont trop de sens pour suivre une erreur
populaire.

LA PONCTUATION.

Il ne manque pas de sophismes qui font des
victimes parmi les plus savants et les plus expé-
rimentés.

LE TRAIT D'UNION.

On ne cesse de répéter qu'une mère tient en
meilleur état un seul nourrisson, que si elle en
avait plusieurs.

LA PARENTHÈSE.

C'est sur cette comparaison que la calomnie s'appuie pour déblatérer contre les pensions trop nombreuses.

LE MAÎTRE.

Qui ignore que certaines mères soigneraient mieux deux ou trois nourrissons que d'autres un seul? il en est ainsi de notre méthode. Bien loin d'avoir à redouter le grand nombre d'élèves, elle le désire pour marcher mieux et plus vite.

LA PONCTUATION.

Elle est alors estimable sous tous les rapports. Pour ma part, je suis tellement épris d'amour pour elle, que je la rêve la nuit, le jour, et ne saurais plus me passer de sa présence.

LES GUILLEMETS.

Croyez-vous être le seul ? tous les camarades m'ont dit la même chose à son sujet.

LE TRAIT D'UNION.

Il est grandement à souhaiter que cette passion nous dure: ce sera le bonheur de nos familles et de nous-mêmes.

LE MAÎTRE.

Vous ne faites que de commencer. Mais attendez une quinzaine de jours encore, et vous verrez que ce que vous ressentez aujourd'hui

4*

pour la nouvelle méthode n'est que de la cendre froide, en comparaison du brasier ardent qui s'allumera dans vos cœurs.

LES GUILLEMETS.

Alors, nous ne dormirons plus.

LA PARENTHÈSE.

Nous n'aurons plus de passion pour le jeu.

LE TRAIT D'UNION.

Nous n'aurons plus dans la tête que la Grammaire.

LE MAÎTRE.

Alors, vous dormirez plus profondément; le jeu aura un plus vif attrait pour vous; au lieu d'avoir la grammaire dans la tête, vous l'aurez dans vos cœurs. Tout entiers à chacune de ces occupations, vous vous reposerez et vous vous récréerez d'autant plus volontiers, que vous travaillerez avec plus d'application.

LE TRAIT D'UNION.

"Ces dernières paroles me rappellent un souvenir. J'ai ouï dire que les hommes fainéants s'éveillent à chaque instant de la nuit, et que c'est tout le contraire des hommes laborieux; que les bourgeois s'ennuient le plus souvent pendant les longues journées de l'été, tandis qu'aux occupés, elles paraissent toujours trop courtes.

LES GUILLEMETS.

Cela doit être : car, lorsque je ne faisais rien, la classe me paraissait ne jamais finir, et, aujourd'hui que je travaille, elle me semble finir presque en même temps qu'elle commence.

LE MAÎTRE.

Le travail est donc préférable à la paresse sous bien des rapports.

LES GUILLEMETS.

On peut dire qu'il est indispensable à la félicité de l'homme.

LE MAÎTRE.

Voudriez-vous nous faire part de votre ministère dans la construction des phrases?

LES GUILLEMETS.

On m'emploie au commencement des lignes et à la fin des passages empruntés à un orateur ou à un savant quelconque, à l'appui d'une opinion ou d'un fait à prouver, ou pour tout autre motif : *Voici ce que César, l'illustre Jules, ne cessait de répéter à ses armées :* « *Ce n'est ni aux dieux immortels, ni à la patrie que je fais la guerre, mais aux ennemis des uns et de l'autre.* »

LE TRAIT D'UNION.

Nous vous avons parfaitement compris; il ne

vous reste donc qu'à nous rappeler les signes que vous êtes dans la coutume d'employer.

LES GUILLEMETS.

Ce sont deux petits *c* [*cc*] ordinaires pour mon ouverture, et autant de rebours pour ma fermeture, assez semblables, au reste, à une double *cédille*.

LA PARENTHÈSE.

Vous avez assez dit pour que nous sachions tout ce que vous êtes.

LE TRAIT D'UNION.

On me place à la fin de la ligne, toutes les fois que le mot n'est pas fini. Je tiens la lettre euphonique *t* entre deux dans une foule d'interrogations : *Voyage-t-il à pied ? — Va-t-il souvent à cheval?* dans les substantifs ou adjectifs composés, je sers à unir les divers mots qui les constituent : *tête-à-tête; nouveau-né*.

LES GUILLEMETS.

Si vous avez la bonté de nous expliquer la signification de *lettre euphonique*, nous aurons de vos fonctions l'idée la plus complète.

LA TRAIT D'UNION.

Cette lettre, comme l'*s*, est ajoutée dans certains cas, pour lier les mots et en adoucir la prononciation, qui sans cela écorcherait l'ouïe.

Au lieu donc de dire : *retourne y*, selon la règle grammaticale, on ajoute une *s* au verbe, *retournes-y*.

LES GUILLEMETS.

C'est toujours autant d'appris. Lorsqu'on nous entendra à l'avenir donner la raison de ce qui passait pour l'ordinaire inaperçu, nos parents raffoleront de joie.

LA PARENTHÈSE.

Ce n'est pas le moins important, car nous tenons tous à tenir nos mères dans le plus parfait contentement.

LA PONCTUATION.

C'est bien juste que nous fassions un peu leur félicité, après que nous leur avons donné tant de peine et causé de si cuisants chagrins.

LE MAÎTRE.

Ces expressions de tendresse et d'amour vous honorent par-dessus tout.

LE TRAIT D'UNION.

Nous trouvons tous ce sentiment gravé au fond de nos cœurs.

LA PARENTHÈSE.

Rien ne me bouleverse plus que la douleur que je cause à ma mère, ne pleurant jamais tant qu'à cette occasion.

LE MAÎTRE.

Une mère est notre amie par excellence, quelquefois la seule amie que nous ayons ici-bas.

LA PONCTUATION.

Hélas ! que nous sommes cruels, horriblement barbares que d'avoir le courage de blesser un pareil cœur !

LE MAÎTRE.

Avec un peu de bonne volonté et de reconnaissance, nous avons en horreur un semblable crime.

LE TRAIT D'UNION.

Avec la grâce de Dieu, nous serons embrasés
désormais du plus tendre amour pour nos mères.

LA PARENTHÈSE.

Elles ne nous demandent que l'accomplissement de nos devoirs. Aussi , je vais me faire
connaître, afin que vous leur puissiez dire, dès
ce soir, quels sont mes attributs dans la langue
française.

Je ressemble à deux crochets, placés vis-à-vis
l'un de l'autre. On me place entre une ou deux
propositions, étrangères au sujet, comme dans
ce qui suit : *Si vous deveniez fou (que Dieu
vous préserve de ce malheur !) je voudrais que
vous fussiez en état de grâce.*

LES GUILLEMETS.

Nous savons au juste qui vous êtes et l'emploi que vous exercez au milieu de nous.

LA PONCTUATION.

Bien que le lecteur me reconnaisse dans les diverses inflexions de sa voix et dans le besoin qu'il éprouve de se reposer plus ou moins long-temps, il est néanmoins très-utile que j'expose au juste mes diverses prérogatives : c'est le seul moyen de marcher sans crainte dans le difficile sentier de l'orthographe , semé à droite et à gauche d'affreux précipices.

LA PARENTHÈSE.

Bien loin de nous cacher une seule de vos attributions pour éviter de nous décourager, exposez-nous-les toutes avec la plus grande simplicité. Nous brûlons tous du désir de vous entendre, pour faire à nos parents le récit de ce que vous nous aurez appris.

LA PONCTUATION.

Les signes qui me représentent, sont au nombre de sept : la *Virgule*, le *Point et Virgule* , les *Deux Points*, le *Point*, le *Point d'interro-gation*, le *Point d'admiration* , enfin le *Point suspensif*.

LA PARENTHÈSE.

Il y en a presque une fournée.

LA PONCTUATION.

M'ayant témoigné le désir de les toutes connaître, il était de mon devoir de ne vous cacher
aucune de mes fonctions.

LES GUILLEMETS.

C'est fort bien.

LA PONCTUATION.

La *Virgule* marque une très-courte pose, et
se place entre les substantifs, les adjectifs et les
verbes, qui se suivent dans une période : *La
candeur, la simplicité sont des vertus de l'enfance. — La charité est douce, patiente, bien-
faisante. — Un bon père chérit, surveille et cor-
rige ses enfants.*

La *Virgule* sépare encore les diverses parties
d'une phrase : *L'étude rend savant, la réflexion
rend sage.*

LA PARENTHÈSE.

Nous avions bien besoin de votre ministère ;
lorsque nous dirons ce soir à nos pères, que
nous savons déjà ponctuer, cette agréable nouvelle les surprendra beaucoup.

LA PONCTUATION.

La pose doit être un peu moins courte avec

le *Point et Virgule* qu'avec la *Virgule* seulement : on le place entre deux phrases dépendan-
tes l'une de l'autre : *La bonté est une vertu ; mais
elle ne doit pas dégénérer en faiblesse.*

La pose des *Deux Points* est encore plus lon-
gue et proportionnellement avec le *Point* seul.
On place les premiers après une proposition
dont le sens pourrait être regardé comme fini,
si la suivante n'y avait aucun rapport : *Il ne faut
jamais se moquer des malheureux : car qui peut
s'assurer d'être toujours heureux ?*

LES GUILLEMETS.

Ceci est un peu plus difficile à saisir que ce
qui concerne la *Virgule* et le *Point et Virgule.*

LA PARENTHÈSE.

C'est pour le moins aussi clair et facile.

LES GUILLEMETS.

Comment !

LA PARENTHÈSE.

Le comment est tout simple : *Il faut être en
état de grâce ;* ne peut-on pas regarder cette
phrase comme finie, complète ?

LES GUILLEMETS.

Vous le nie-t-on ?

LA PARENTHÈSE.

Mais si l'on ajoute incontinent après, *parce*

que la mort peut nous surprendre, ces dernières paroles font entrevoir une lacune dans ce qui précède, laquelle s'exprime par *Deux Points*.

LA PONCTUATION.

Le *Point* seul se place après une phrase dont le sens est entièrement fini : *Dieu est le créateur du ciel et de la terre.*

Le *Point d'interrogation ;* assez semblable au chiffre arabe 2 [?] avec un point au-dessous, se place après une phrase interrogative : *Viendrez-vous ? — Que se passe-t-il dans votre village ?*

Le *Point d'admiration* couronne les propositions pleines de vivacité ou d'autres affections de l'esprit et du cœur : *Tu oses parler ainsi ! — Que tu es dissipé ! — Hélas ! mon ami est mort.* Ce signe est un *i* renversé [!].

Le *Point suspensif* est une traînée horizontale de points, marquant la réticence, les termes supprimés à dessein, les sous-entendus, dans l'intention de plaire aux auditeurs ou aux lecteurs, dont l'amour-propre est ainsi ménagé, et destiné quelquefois à produire un plus grand effet sur les âmes. En voici un exemple : *Si le pécheur voulait reconnaître ses erreurs, détester ses crimes, revenir à la vertu ; s'il voulait...... mais non ! il ne veut que contenter ses désirs déréglés.*

LES GUILLEMETS.

Vos explications sont complètes. Tout habile que nous vous connaissions, nous ne vous aurions jamais cru capable de tant de netteté et de précision. Aussi , vous êtes maintenant à nos yeux telle que vous vous connaissez vous-même. C'est un bien beau talent que celui de savoir se peindre d'après nature.

LA PARENTHÈSE.

Ce qui est beau n'est pas toujours à la disposition de tout le monde. Il faut se donner de grands mouvements , rester peu au lit, être constamment au labeur pour vaincre les obstacles fourmillant en tout genre de savoir.

LES GUILLEMETS.

Vous parlez à des convertis. Si l'orgueil nous remplit d'illusions sur nos prétendues lumières, l'expérience l'accuse bientôt de mensonge.

LE TRAIT D'UNION.

Comme le soleil nous éclaire, on peut voir au clair la justesse de cette dernière réflexion.

LES GUILLEMETS.

Vous avez entendu ce que j'ai eu l'honneur de vous dire au sujet des divers emplois de mon ministère. Or, le croirait-on ? j'ai oublié le principal.

LE TRAIT D'UNION.

Vous nous surprenez agréablement.

LA PARENTHÈSE.

Ce qui vous arrive peut bien arriver à d'autres.

LE MAÎTRE.

La perfection n'est qu'en Dieu. Soyez donc humbles.

LES GUILLEMETS.

Pour mieux réparer mon oubli, je me fais un plaisir de vous rappeler que l'on me place en tête et à la fin des paroles prononcées par un interlocuteur différent de celui qui parle, ou bien encore, d'une citation empruntée à un autre ouvrage.

LA PARENTHÈSE.

Vous êtes trop modeste : car ce que vous aviez dit sur vos attributions, suffisait déjà à notre instruction.

LE MAÎTRE.

Les noces sont venues mal à propos. Sans doute que la *Cédille* doit être malade. En général, mes enfants, il ne faut guère manquer la classe. Il y a des cas de nécessité, je n'en disconviens pas; mais j'en excepte les baptêmes et les noces, à moins qu'il ne s'agisse d'un très-proche parent.

Vous avez entendu bien des choses utiles et raisonnables, qui vous profiteront plus tard. Or, si au lieu d'être présents ici, vous aviez été partout ailleurs, auriez-vous pu faire une si belle moisson? Je ne vous en dis pas davantage : car il est temps de finir. Vous vous trouverez ici demain matin à huit heures, en compagnie des dix parties du discours.

DEUXIÈME ACTE.

—

PREMIÈRE SCÈNE.

LES SIGNES ORTHOGRAPHIQUES ET LES DIX PARTIES DU DISCOURS RÉUNIS EN L'ABSENCE DU MAITRE.

LE NOM.

Comment se sont passées vos réunions ?

LA PARENTHÈSE.

Admirablement bien.

L'ARTICLE.

L'instruction est-elle en progrès ?

LE PRONOM.

Écoute-t-on le maître avec attention?

L'ADJECTIF.

Respecte-t-on ses avis?

LE VERBE.

Ne se fâche-t-il jamais?

LE PARTICIPE.

Aucun de vous n'est-il encore allé en prison?

L'ADVERBE.

Répondez-nous avec sincérité : nous ne vous trahirons pas.

LA PARENTHÈSE.

Tout va pour le mieux dans la meilleure pension du monde.

LA CÉDILLE.

La voix du peuple est la voix de Dieu. Vous savez ce qui se répète dans tous les coins du pays au sujet de vos diverses demandes.

L'ADVERBE.

Personne de nous ne l'ignore.

LA PRÉPOSITION.

Mais encore, peut-on vous demander s'il n'y a rien de nouveau?

LES GUILLEMETS.

Les éloges du public sont, en tout point, conformes à la vérité.

LES ACCENTS.

Ah ! nous avons un si habile et si bon maître !

LA PONCTUATION.

Je le chéris comme un second père.

LE TRÉMA.

J'ai pour lui autant de vénération que pour mon curé.

LE TRAIT D'UNION.

Je suis prêt à me soumettre à toutes ses volontés, tant est grande ma confiance en ses mérites.

LE NOM.

A-t-il été satisfait de votre manière de jouer les rôles ?

L'ADVERBE.

Votre langage, le ton que vous avez pris, vos questions diverses, le tour de vos expressions lui ont-ils plu ?

LES GUILLEMETS.

Nous le croyons ainsi.

LE PRONOM.

N'a-t-il jamais rien répondu de désagréable et de mordant ?

LA PARENTHÈSE.

Rien ne doit déplaire à celui qui mérite un

reproche. L'essentiel est qu'il soit bien appliqué.

LES ACCENTS.

Il est fameux pour prononcer des sentences propres à impressionner.

L'APOSTROPHE.

Que fait notre père quand nous lui manquons? nous louons-nous alors de ses compliments, de son bon vouloir, de ses tendres caresses?

Il n'y a aussi qu'à entendre un pasteur du haut de la chaire. S'il s'abandonne aux mouvements d'une sainte colère, c'est à cause de l'indifférence ou des scandales de quelques-uns de ses paroissiens.

LES GUILLEMETS.

C'est beaucoup trop clair pour perdre son temps à des démonstrations considérées par tout le monde comme des axiomes. Il ne faut s'attendre de la part d'un père, d'un maître et d'un curé offensés qu'à des avis, à des reproches et à des châtiments justement mérités.

LE PRONOM.

En admettant le principe, on peut faire ses réserves pour la manière de l'appliquer. Qui n'a oui dire que le ton fait la chanson?

LA PARENTHÈSE.

Il va sans dire qu'on ne traite pas les hommes libres comme des esclaves, et encore moins comme de vils animaux.

LE NOM.

Il y a tant de travers dans le monde! peu de choses y vont dans le sens de la raison.

LES GUILLEMETS.

C'est entendu : mais enfin, expliquez-vous tout de bon.

L'ADJECTIF.

Ne parlons-nous pas assez clair?

LES GUILLEMETS.

Peut-être pas trop.

L'ADJECTIF.

Le maître est-il tout ce qu'il doit être?

LES GUILLEMETS.

C'est suivant notre manière de voir.

LA PARENTHÈSE.

Il est bon, ferme, capable, bienveillant, ami du droit, ennemi de l'injustice, plein d'amour pour les élèves laborieux.

L'ADJECTIF.

C'est très-bien! nous avions grandement besoin d'un guide si estimable.

LA PARENTHÈSE.

Nous possédons un diamant des plus précieux.

L'ARTICLE.

Il faudra le conserver avec le plus grand soin : car les maîtres de ce caractère sont aussi rares aujourd'hui que les écoliers vertueux.

LES GUILLEMETS.

Je haïrais éternellement l'imprudent qui oserait lui faire la moindre niche. L'aimer, le respecter, être aveuglément soumis à ses ordres, tels sont les devoirs de chacun de nous envers lui.

LE VERBE.

Nous lui rendrons les honneurs et les hommages qui lui sont dus à tant de titres.

(*Comme on annonce la prochaine arrivée du maître, tout le monde sort, à l'exception des Signes orthographiques et du* Nom.)

DEUXIÈME SCÈNE.

LE MAITRE, LES SIGNES ORTHOGRAPHIQUES ET LE NOM.

LE MAÎTRE.

Substantif, que sont devenus vos camarades ? vous vous trouvez seul avec les *Signes,* contrairement à mes ordres.

LE NOM.

C'est un oubli de leur part, rien de plus.

LE MAÎTRE.

D'où vient donc que vous vous trouvez ici? avez-vous eu meilleure mémoire que vos condisciples.

LE NOM.

C'est que vous m'y avez surpris : car sans cela, vous eussiez également remarqué mon absence.

LE MAÎTRE.

Je ne comprends absolument rien à une pareille conduite.

LE NOM.

Nous avions oublié votre convocation.

LE MAÎTRE.

Puis-je compter sur la franchise de vos paroles !

LE NOM.

Qui oserait en imposer à un maître tel que vous !

LE MAÎTRE.

Les enfants.

LE NOM.

La légèreté est incompatible avec la vénération qu'on a pour vous.

LE MAÎTRE.

C'est très-bien.

LA PARENTHÈSE.

Un oubli empêchera-t-il l'exercice d'avoir lieu ?

LE MAÎTRE.

Pas du tout : *Substantif*, commencez à jouer votre rôle.

LE NOM.

Mon appellation seule indique clairement la nature de mon ministère. Comme *Nom*, je sers à nommer les personnes et les choses : *pierre*, *maison*. Comme *Substantif*, je représente tous les êtres et tous les objets existant dans la nature ou dans l'entendement : *homme*, *jardin*, *amour*.

LA CÉDILLE.

Cette définition nous convient très-fort.

LE NOM.

Je me divise en plusieurs espèces, comme il est facile de le comprendre. Lorsque plusieurs individus peuvent s'attribuer la même dénomination, je m'appelle *Nom commun* : *ange*, *chasse*. Je me nomme *propre* au contraire, quand je ne conviens qu'à un seul être ou objet : *Dieu*, *Paris*, *le Rhône*.

LA PARENTHÈSE.

Il y a donc deux sortes de noms, le *commun* et le *propre*, selon que vous convenez à tous les individus de la même espèce, ou qu'un seul a le droit de vous revendiquer.

LE NOM.

C'est bien cela.

LA PARENTHÈSE.

Ayez la bonté de continuer.

LE NOM.

Lorsque l'être ou l'objet que je représente, signifie, quoiqu'au singulier, plusieurs personnes ou plusieurs choses, je porte le titre de *Collectif: foule, pépinière.*

Le *collectif* est général, si j'embrasse la collection entière: *le peuple français;* il est *partitif*, si je n'en contiens qu'une partie: *la moitié du peuple français.*

LE TRÉMA.

Si nous continuons de procéder avec cet ordre, que de doux fruits n'allons-nous pas en recueillir?

LE NOM.

J'ai deux propriétés bien distinctes, la propriété du *genre*, et la propriété du *nombre*.

Le *genre* est de deux sortes, le *genre masculin* et le *genre féminin*.

Tous les êtres ou objets mâles (ces derniers
par imitation seulement), appartiennent au premier : *le roi, le raisin*; tous les êtres ou objets
femelles sont de la famille du dernier : *la
reine, la chambre*.

J'ai également deux nombres, le *nombre singulier* et le *nombre pluriel*.

Est-il question d'un seul être ou d'un objet
unique ? je suis au *singulier : le prince , la
vertu*. S'agit-il au contraire de plusieurs êtres
ou de plusieurs objets? on m'écrit au *pluriel :
les princes, les vertus*.

LA PONCTUATION.

Qu'avons-nous à faire de la distinction de
singulier et de *pluriel?* l'important pour nous
n'est-il pas de connaître votre signification?

LE NOM.

Si vous ne vouliez rien entendre à l'orthographe, vous auriez presque raison ; mais si
vous y tenez tant soit peu, ma distinction de
nombre vous est de la plus grande importance.

LA PONCTUATION.

Je ne l'aurais jamais cru.

LE NOM.

Si je reste quelquefois le même dans les deux nombres : *le fils, les fils ; le nez, les nez ; la voix, les voix*, je varie presque toujours dans l'immense majorité des mots.

LA PONCTUATION.

Nous prêtons une oreille attentive, autant pour vous inspirer du courage, que pour mettre à profit le contenu de votre discours.

LE NOM.

Je prends ordinairement une *s* au pluriel : *l'homme, les hommes*.

Quand je suis terminé en *eau* au singulier, je forme mon pluriel avec une *x* : *le bateau, les bateaux*.

Si je me termine au singulier en *al, ail*, je me change en *au* au pluriel et prends encore une *x* : *le cheval, les chevaux ; le travail, les travaux ;* excepté *éventail, bal* et autres qui prennent une *s* au lieu d'une *x. Aïeul, ciel* et *œil* font au pluriel : *aïeux, cieux* et *yeux ;* excepté *aïeuls* signifiant le grand père paternel et maternel, *ciels de lit, ciels de carrière, œils de la soupe, œils de bœuf,* petites lucarnes.

Ma terminaison est-elle en *ou ?* j'use tantôt d'une *s*, et tantôt d'une *x* : *le fou, les fous, le genou, les genoux*.

LA CÉDILLE.

Pourrait-on vous demander s'il y aurait moyen de distinguer, de connaître les cas particuliers où il faut employer l'une ou l'autre de ces deux lettres ?

LE NOM.

La pratique, cher ami, qui est le maître des maîtres, le seul guide infaillible, parvient insensiblement à toutes ces solutions.

LE MAÎTRE.

Je suis bien content, cher disciple, de l'exposition que vous venez de nous faire de vos diverses fonctions. Il était impossible que vous fussiez plus concis. C'est le fruit d'une constante application. Continuez donc d'étudier de la sorte, et tout en étant la gloire de votre pays, la joie de votre famille, vous trouverez dans votre propre cœur une source intarissable de véritables plaisirs. Je devais ces quelques mots d'encouragement à un des plus beaux ornements de notre maison.

(Les signes orthographiques s'approchent tous du Nom *pour le féliciter.)*

LE NOM.

J'étais loin de mériter les grands honneurs qu'on me rend.

LE MAÎTRE.

Vous ne recevez que ce que vous méritez sous tous les rapports. Le *Substantif*, le *Tréma*, l'*Article*, l'*Adjectif*, sont convoqués pour ce soir à deux heures précises.

TROISIÈME SCÈNE.

LE MAITRE, LE SUBSTANTIF, L'ARTICLE, L'ADJECTIF ET LE TRÉMA.

LE MAÎTRE.

A la bonne heure ! vous y êtes tous cette fois ; il y a par conséquent progrès.

L'ARTICLE.

Vous serez désormais content de nous. Comme nous vivions dans le plus grand désordre sous le dernier régime, nous avions perdu l'habitude d'obéir.

LE MAÎTRE.

Je me suis laissé dire que vous aviez oublié le jour et l'heure de ma convocation.

L'ARTICLE.

C'est par suite de notre insouciance pour les matières de notre instruction.

LE MAÎTRE.

Vous ne pensiez donc pas à l'avenir, au besoin que vous en auriez plus tard ?

L'ARTICLE.

Quand on est jeune et mal mené , on pense
bien au lendemain !

LE NOM.

Rien de plus vrai. On aime mieux, à notre
âge, une pièce d'argent dans les mains que cent
de promises.

LE TRÉMA.

Le bon La Fontaine a dit : *Il vaut mieux un
tien que deux tu l'auras.*

LE MAÎTRE.

Mon Dieu ! il y a plus de mauvais maîtres
que de mauvais écoliers.

LE NOM.

Votre exclamation a besoin d'être déve-
loppée.

L'ADJECTIF.

Car nous ne savons trop ce qu'elle signifie.

LE MAÎTRE.

Il ne s'agit ici ni d'argent, ni d'autre métal
précieux ; mais de l'introduction de la vraie lumière dans vos esprits et de la formation de vos
cœurs à la vertu.

LE NOM.

J'ai toujours ouï dire que l'instruction et la
sagesse étaient préférables à tout bien.

L'ARTICLE.

Ma mère ne cesse de me répéter cette vérité sur tous les tons.

LE MAÎTRE.

Vous êtes ici pour apprendre l'une et l'autre de ma bouche. A demain matin à huit heures.

QUATRIÈME SCÈNE.

LE MAITRE, L'ARTICLE, L'ADJECTIF, LE SUBSTANTIF, LE PRONOM.

LE MAÎTRE.

Je tressaille d'allégresse : car mes conseils sont goûtés, mes ordres suivis ; le bien triomphe de tous les efforts du mal.

LE PRONOM.

Vos élèves partagent l'ivresse de votre bon cœur.

L'ARTICLE.

Vous n'aurez désormais de leur part que les plus doux sujets de contentement.

LE NOM.

C'est à l'*Article* à nous édifier à cette heure.

L'ARTICLE.

On ne s'est point trompé, en disant que nous étions tous également utiles dans la langue française : car, bien que petit moi-même, le moindre de tous, il est certain que le substantif serait, sans mon concours, un mot vague, indéfinissable, n'ayant ni genre, ni nombre ; confusion pourtant qui se change en ordre, en déterminant en lui, par ma présence, ce qui est indéfini en mon absence, et en séparant ce qui est confondu.

LE PRONOM.

Je ne vous croyais pas dépositaire d'une aussi grande puissance.

L'ARTICLE.

Je pourrais dire à mon tour de vous ce que vous dites en ce moment de moi : car nous concourons tous, selon nos forces, à la construction d'un majestueux édifice.

LE PRONOM.

Je me rends à la justesse de votre savante observation.

L'ARTICLE.

Quand le substantif est précédé de *le* ou de *un*, il est singulier masculin : *le père, un cheval*. S'il est précédé de *la* ou de *une*, il est féminin singulier : *la mère, une jument*. Je place *les* devant les mots pluriels, tant masculins que féminins : *les hommes, les femmes, les raisins, les figues.*

LE PRONOM.

Je vois ici une difficulté. En effet, quand il y a *les* devant un substantif pluriel, comment reconnaître s'il est du masculin ou du féminin?

L'ADJECTIF.

L'observation est juste.

L'ARTICLE.

On essaie pour cela de placer *le*, au lieu de *la*, devant le même substantif précédé de *les*, comme dans les deux exemples cités plus haut, *les raisins*, *les figues*. Si l'on doit dire *le* et non *la raisin*, *raisin* est du genre masculin. Si l'on doit dire également *la* et non *le figue*, figue est du genre féminin.

L'ADJECTIF.

Avec des raisonnements si nets, la grammaire ne m'effraie plus.

L'ARTICLE.

Je suis sujet à deux sortes de changements, à l'élision et à la contraction.

LE PRONOM.

C'est du vrai barbarisme pour nos oreilles.

L'ARTICLE.

Patience! lorsque je me trouve au singulier et devant un mot qui commence par une voyelle ou une *h* muette, je prends *a* ou *e* remplacé par *l'apostrophe* au haut de ma barre, m'appelant alors article élidé : *l'esprit* pour *le esprit*; *l'âme* au lieu de *la âme*.

LE PRONOM.

Nous aurions cru que les épines fussent beaucoup plus piquantes.

LE MAÎTRE.

Il ne faut pas se plaindre avant d'être battu. C'est un très-mauvais genre que de se plaindre toujours.

L'ARTICLE.

Le mot contraction vient d'un mot latin, qui signifie serrer, mettre ensemble. Quand il y a contraction, les prépositions *de*, *à*, se marient avec l'article *le*, *les*, de manière à ne former qu'un seul mot des deux. Pour que ce mariage se fasse, il faut que le substantif soit masculin et commence par une consonne ou une *h* aspirée : *du père* au lieu de *le père*; *des pères* pour *de les pères*; *au père* pour *à le père*; *aux pères*, pour *à les pères*.

LE MAÎTRE.

Monsieur le *Pronom*, que pensez-vous de cette dernière explication ?

LE PRONOM.

Que j'en sais autant que lui, tellement il a été clair, simple et précis.

LE MAÎTRE.

Un travail opiniâtre vient à bout de tout.

L'ADJECTIF.

Si l'*Article* a fini, c'est à moi de parler, selon le droit que m'accorde notre respectable maîtresse.

LE PRONOM.

Nous sommes tous du même sentiment.

L'ADJECTIF.

Je fais ressortir les vertus et les vices du substantif que je qualifie.

LE SUBSTANTIF.

Un pareil procédé a son bon et son mauvais côté. En me qualifiant en bonne part, vous me donnez un lustre dont je vous suis très-reconnaissant.

D'ailleurs, comme il est toujours glorieux de rendre son ami recommandable, il vous est permis de vous prévaloir d'un acte d'autant plus honorable qu'il est moins intéressé.

Mais, lorsque vous me dénigrez et me livrez à l'opprobre public, me prêtant les intentions les plus sinistres et me comparant aux plus

grands scélérats de l'univers, ne méritez-vous
pas que j'exhale contre vous le noir venin de mon
indignation et que je vous foule sous mes pieds?

L'ADJECTIF.

Le bon ordre exige que chaque homme et
chaque objet passent et soient tenus pour ce
qu'ils sont : sinon, il n'y a que confusion et
profonde obscurité en ce monde. Le voleur ordinaire, qui se contente de dépouiller les pas-
sants, sans attenter à leur vie, doit être qualifié
autrement que son confrère joignant l'assassinat
au vol.

Il en est de même du riche vraiment généreux
et répandant d'abondantes aumônes dans le sein
de l'indigence, d'avec l'homme fortuné qui, en-
tassant écus sur écus, abandonne la pauvreté
à son douloureux sort.

LE PRONOM.

Quoique pleine de nerf et d'à-propos, l'ob-
jection a été réduite en poudre par la justesse
de la réponse.

L'ADJECTIF.

Quelle étrange destinée que la mienne! si,
d'un côté, on me comble de louanges, de l'autre, on m'accable d'atroces injures. Je suis tout
bonnement accusé d'être le détestable auteur
des bonnes et des mauvaises réputations.

LE MAÎTRE.

Que n'a pas souffert Jésus-Christ sur le bois adorable de la croix? Ce monde est le purgatoire des justes.

L'ADJECTIF.

Pourtant je ne suis rien de moi-même, n'ayant ni genre, ni nombre. Si j'élève et abaisse, si j'ennoblis et dégrade, c'est uniquement à l'occasion de ma rencontre avec le substantif, qui n'aurait qu'à s'éclipser pour me réduire à une complète nullité. Mais il aime mieux peser si lourdement sur toute la masse de mon être, qu'il me fait masculin ou féminin, singulier ou pluriel, selon son caprice : ainsi, il me semble que je ne mérite personnellement ni louange, ni blâme.

LE NOM.

Je pourrais porter contre vous les mêmes accusations. En effet, j'écris le mot *homme*, sans que personne y trouve à redire, soit en bien, soit en mal. Mais, que vous ajoutiez devant ou après, *cruel* ou *bienfaisant*, voilà qu'une averse de bénédictions ou de malédictions nous tombe aussitôt dessus, non pas à mon occasion, mais à la vôtre. A la vérité, vos fonctions sont belles, car vous faites souvent de l'ordre dans le désordre.

L'ADJECTIF.

Je dérive du verbe *ajouter*, parce que je suis censé ne faire qu'un tout avec le substantif que je qualifie.

Comme *Adjectif qualificatif*, j'honore ou je déshonore l'être ou l'objet auquel je m'attache : *homme vertueux , femme cruelle ; bon pain, vin aigre.*

Comme *Adjectif déterminatif*, j'indique dans quel sens on doit prendre le nom que j'accompagne : dans *votre habit*, *mon chapeau*, *sa montre*, les adjectifs déterminatifs *votre*, *mon*, *son*, signifient et déterminent l'habit qui est à vous, le chapeau qui m'appartient, la montre qui est à lui.

L'ARTICLE.

Il y a donc deux sortes d'adjectifs : l'*Adjectif qualificatif* et l'*Adjectif déterminatif.*

LE MAÎTRE.

Comme il fait bon ici ! le temps coule avec une étonnante rapidité : c'est déjà tard. Nous nous reverrons à l'heure indiquée.

CINQUIÈME SCÈNE.

LE MAITRE. L'ADJECTIF, LE PRONOM, LE
VERBE, LE PARTICIPE, LA PONCTUATION,
L'APOSTROPHE.

LE MAÎTRE.

Monsieur l'*Adjectif*, si je vous ai interrompu
un peu brusquement dans le dernier exercice,
c'est pour me conformer au règlement, d'après
lequel la classe doit commencer à telle heure
et finir à telle autre.

L'APOSTROPHE.

Je croyais qu'il n'y avait pas de règle ici, tout
dépendant de la volonté du maître.

LE MAÎTRE.

Vous étiez d'autant plus dans l'erreur, mon
enfant, que Dieu n'habite pas dans une maison
soumise au désordre.

L'APOSTROPHE.

Les affaires de nos parents marchent bien,
quoiqu'il n'y ait rien de fixe.

LE MAÎTRE.

Vous le croyez peut-être ; mais détrompez-
vous : tout ménage sans ordre tombe bientôt
en ruine.

L'APOSTROPHE.

Quel effet produit donc la règle?

LE MAÎTRE.

Celui qui vit de la règle, vit de l'esprit de Dieu, tout-puissant protecteur de tous ceux qui imitent son exemple.

L'APOSTROPHE.

Est-ce que Dieu est soumis à quelque règlement?

LE MAÎTRE.

Avez-vous jamais ouï dire que le soleil s'écarte tant soit peu de sa route ordinaire; que les étoiles nous refusent leur étincelante lumière, et l'atmosphère, la pureté de son air si nécessaire à notre santé? Or, la soumission aveugle aux décrets éternels de la part de toutes les créatures visibles et invisibles, n'est-elle pas pour nous un avertissement salutaire, une tacite injonction de régulariser et d'harmoniser nos occupations?

L'APOSTROPHE.

Bien que sensibles, vos termes de comparaison sont un peu au-dessus de notre sphère.

LE MAÎTRE.

Voici ma pensée en deux mots : les objets inanimés marchent dans l'ordre le plus parfait, et nous, les chefs-d'œuvre de la création, nous oserions vivre sans frein !

L'APOSTROPHE.

Pardon de la peine que je vous ai donnée ; j'ai fini par comprendre votre pensée.

LE MAÎTRE.

Je suis ici au milieu de vous pour vous diriger dans le bien.

L'APOSTROPHE.

L'*Adjectif* tardera-t-il à reprendre le fil de son instruction ?

L'ADJECTIF.

Je suis prêt à recommencer, quand on le voudra.

LE MAÎTRE.

Vous le pouvez tout de suite.

L'ADJECTIF.

L'*Adjectif qualificatif* est unique ; mais il y a quatre sortes d'*Adjectifs déterminatifs* : le *possessif*, le *numéral*, le *démonstratif* et l'*indéfini*.

L'*Adjectif déterminatif possessif* ajoute au substantif qu'il précède une idée de possession, de propriété, tels que les mots : *mon, ton, son, notre, votre, leur* : *mon père, ta sœur.*

L'*Adjectif numéral* donne au substantif qu'il

C*

accompagne une idée de nombre ou de rang : *dix hommes ; Henri-Quatre.*

Il y en a de deux espèces : l'*Adjectif numéral cardinal*, ainsi appelé, parce qu'il est la base de l'*ordinal*, sert simplement à compter : *un, deux, douze, vingt, cent ; trois francs, cent chevaux.*

L'*Adjectif numéral ordinal* marque la place ou le rang d'une personne ou d'une chose, comme : *second, quatrième, douzième, centième ; Philippe quatrième, le second étage.*

L'*Adjectif démonstratif* ajoute au substantif une idée d'indication et semble représenter les êtres ou les objets comme présents : *le vieillard, cette table.*

Il est essentiel de savoir distinguer *ce*, adjectif démonstratif de *ce* pronom. *Ce*, pronom démonstratif, accompagne ordinairement le verbe *être*, ou précède *qui, que, dont, quoi. C'est votre ami ; ce que je fais ; ce à quoi je travaille ;* et *ce*, adjectif démonstratif, est toujours suivi d'un nom : *ce volume, ce chapitre.* Au lieu de *ce*, on met *cet* devant un mot qui commence par une voyelle ou une *h* muette : *cet homme.*

L'ARTICLE.

Ces dernières paroles rappellent à mon souvenir une omission que j'ai faite dans mon ex-

posé. Les mots *le*, *la*, *les*, font un double emploi, servant de pronoms personnels et d'articles.

Le, *la*, *les*, pronoms personnels, servent de
régimes directs aux verbes actifs et les accompa-
gnent : *Votre mère, je viens de la voir. La voir,*
c'est-à-dire, *voir elle*, *votre mère ; la*, est ici
pronom personnel, au lieu d'article.

Le, *la*, *les*, articles, sont toujours suivis d'un
substantif : *le ciel, la terre, les cieux, les terres.*

LE MAÎTRE.

Toutes ces remarques sont bien importantes
pour ceux qui étudient les éléments.

L'ADJECTIF.

L'*Adjectif indéfini* ajoute au substantif une
idée vague, indéterminée : *Un enfant frappe à
votre porte.* — *Un certain monsieur vous demande :* comme les adjectifs *un*, *certain*, nous laissent
dans l'incertitude, au sujet de l'enfant et du
monsieur en question, ils sont pour cela appelés *Adjectifs indéfinis.*

L'ARTICLE.

« Ce que l'on conçoit bien, s'énonce clairement,
Et les mots, pour le dire, arrivent aisément. »

Vos explications supposent une conception
facile autant qu'une parole dégagée.

L'ADJECTIF.

Vous savez que j'ai trois degrés de signification, ou trois manières d'exprimer les qualités
que je donne au substantif, allant du moindre
jusqu'au plus haut degré de bonté ou de malice :
cruel, *plus cruel*, *très-cruel*.

L'ARTICLE.

Si vous n'êtes pas plus explicite, nous res-
tons dans les brouillards.

L'ADJECTIF.

Je suis au *positif*, lorsque j'exprime simplement la qualité bonne ou mauvaise : *homme savant*, *femme ignorante*.

Je suis au *comparatif*, quand il y a comparaison entre deux personnes ou deux choses :
La rose est plus belle que la violette.

On distingue trois sortes de comparatifs : le
comparatif de supériorité, où l'adjectif est précédé de plus : *Le ciel est plus beau que la terre;*
le *comparatif d'infériorité*, où l'adjectif est précédé de moins : *La terre est moins belle que le
ciel;* et le *comparatif d'égalité*, où l'adjectif est
précédé de aussi : *Pierre est aussi savant que
Paul*.

L'ARTICLE.

On peut donc se servir de votre ministère de
trois manières différentes, au *positif*, au *com-*

paratif et au *superlatif.* Comme nous connaissons déjà les deux premières , vous voudrez bien entrer aussitôt en matière sur l'explication de la troisième.

L'ADJECTIF.

Quand on élève une qualité au suprême degré , ou on la met en rapport avec d'autres de la même nature , ou c'est absolument et sans aucune relation. Dans le premier cas , le *superlatif* se nomme *relatif*, et se marque par *le plus : La France est un des plus beaux pays de l'Europe ;* parce que l'adjectif *beaux* établit un rapport entre notre contrée et les autres de la partie du monde la plus civilisée.

Dans le second cas , le *superlatif* est *absolu,* et s'exprime par *très : La France est un très-beau pays ;* parce que le même adjectif *beau* élève notre pays au premier rang.

LE SUBSTANTIF.

Vous parlez depuis si longtemps que vous devez être fatigué.

L'ADJECTIF.

Il me reste peu à dire ; mais comme c'est très-important, je ne puis me dispenser de vous en faire part.

L'ARTICLE.

Nous vous écoutons toujours avec un nouveau plaisir.

L'ADJECTIF.

D'abord, lorsque je finis, au singulier masculin, par une consonne ou un *é* fermé, je prends toujours un *e* muet à la fin : *un homme prudent, une femme prudente ; un père aimé, une mère aimée.*

Quand je finis au masculin par une consonne, je la double très-souvent au féminin : *un homme bon, une femme bonne.*

Lorsque mon masculin se termine par *x*, cette lettre se change en *s* au féminin : *un homme dangereux, une femme dangereuse.*

Il en est de même de l'*r : danseur, danseuse.*

Je n'ai pas beaucoup à dire au sujet de la formation de mon pluriel. Semblable au nom sous ce rapport, je reste le même au singulier qu'au pluriel, lorsque j'ai à la fin, dans le premier nombre, une de ces trois lettres, *s*, *z*, *x :* sinon, je prends, toujours guidé par le substantif, l'une ou l'autre de ces lettres, selon la terminaison de ma dernière syllabe ; c'est-à-dire, le plus souvent une *s*, et quelquefois une *x* ; quand je suis en *eau*, ou que de *al, ail* au singulier, on me tourne en *au* au pluriel.

L'ARTICLE.

Vous voilà maintenant tranquille.

LE NOM.

Qui ne le serait pas? Quand on s'acquitte si
bien de son devoir, la paix du cœur délasse en
même temps qu'elle console.

LE MAÎTRE.

Oh! oui, soyons d'abord bien sages, et l'a-
mour du travail, au lieu d'être à charge, fait
couler les jours les plus heureux.

L'ADJECTIF.

Comme j'ai fini, le suivant peut prendre la
parole.

L'ARTICLE.

C'est le tour du *Pronom*.

LE PRONOM.

L'histoire est le livre par excellence; l'histoire raconte tous les principaux événements
qui se sont passés depuis l'origine du monde;
l'histoire fait apprécier les hommes et les choses; l'histoire conserve avec une scrupuleuse
fidélité le souvenir des grands vices et des grandes vertus. l'histoire... l'histoire...

LE NOM.

Vous avez donc perdu la tête! pour le coup,

je n'avais jamais rien entendu d'aussi original.

LE PRONOM.

Bien loin d'avoir perdu l'esprit, je crois être doué de la plus saine. raison.

LE NOM.

Entre croire et être, il y a quelquefois une distance infinie.

LE PRONOM.

Je ne le nie point; mais avant de condamner, il convient d'entendre le prétendu idiot.

LE NOM.

Expliquez-vous donc d'abord, et nous prononcerons ensuite. Nous avons été fort surpris de votre singulier début.

LE PRONOM.

Qu'y trouvez-vous de si bizarre?

LE NOM.

C'est le mot *histoire* répété au commencement de chaque phrase. On ne peut rien imaginer de plus fatigant pour l'auditeur.

LE PRONOM.

C'est fort bien. Mais puisque chacun de nous vante l'importance et la nécessité de son ministère dans la contexture de notre belle langue, pouvez-vous me blâmer de m'être servi d'exem-

ples et non de paroles pour arriver au même
but? Mon exorde a été tout simplement une
tournure pour prouver logiquement que je suis
aussi indispensable que les autres, comme je
vais vous le démontrer.

En effet : L'histoire est le livre par excellence ; *elle* raconte tous les principaux événements
qui se sont passés depuis l'origine du monde ;
elle fait apprécier les hommes et les choses ; *elle*
conserve avec fidélité le souvenir des grands vices et des grandes vertus : *elle.... elle.*

LE NOM.

A la bonne heure ! à la bonne heure ! voilà
nos oreilles à l'aise.

.LE PRONOM.

Je tiens donc la place du substantif, selon
ma signification littérale, dans la louable intention de rappeler son idée aux lecteurs et d'épargner à leurs oreilles délicates sa trop ennuyante
et trop fatigante répétition.

LE MAÎTRE.

Bien que tout aille selon nos désirs, le règlement m'oblige de suspendre l'exercice. Vous
pouvez donc vous retirer.

SIXIÈME SCÈNE.

LE MAITRE, TOUS LES SIGNES ORTHOGRAPHI-
QUES et TOUTES LES DIX PARTIES DU DIS-
COURS.

LE MAÎTRE.

Je craignais ce matin de voir éclater une dispute entre le *Nom* et son représentant.

LE NOM.

Ne craignez rien : vous ne verrez jamais la
moindre division entre nous.

LE MAÎTRE.

On se fâche, on s'irrite, on se hait, souvent
pour si peu, que le ton et la tournure de vos
paroles me remplissent quelquefois d'appréhen-
sion à ce sujet.

LE PRONOM.

Nous nous aimons comme des frères. Ce que
vous voyez et entendez est la suite de notre
mauvaise éducation.

LE MAÎTRE.

La charité finit par brûler et consumer tous
les défauts.

LE NOM.

C'est stimulant autant que consolant.

LE MAÎTRE.

La charité élève l'homme au-dessus de toutes les faiblesses de la nature. Les martyrs prient pour leurs assassins.

L'ARTICLE.

Quelle force ! quel héroïsme ! A-t-on jamais rien vu de pareil hors du catholicisme ?

LE MAÎTRE.

Un Dieu pardonne à ses persécuteurs et bénit ses bourreaux du haut de la croix.

L'ARTICLE.

Plût à Dieu que ce sublime exemple fût suivi de tous les catholiques ! la terre redeviendrait un lieu de délices et comme un avant-goût de l'éternelle félicité.

L'ADVERBE.

Ce souhait est digne d'un grand cœur.

LE PARTICIPE.

L'amour de Dieu produit sur les âmes les mêmes effets que les rayons du soleil sur les plantes.

LE MAÎTRE.

Votre comparaison est très-bonne.

LE PARTICIPE.

Point de chaleur, point de fruits ; point de charité, point de vertus parmi les hommes.

LE MAÎTRE.

Très-bien, mon enfant : vous pourriez continuer, s'il n'était pas nécessaire de reprendre l'exercice grammatical.

LE PRONOM.

Comme je n'ai point fini mon rôle, vous trouverez convenable que je le continue.

LA CÉDILLE.

C'est votre tour, c'est votre droit.

LE PRONOM.

La politesse sied bien à tout le monde et encore mieux aux enfants.

LA CÉDILLE.

Nous serions trop aimés de tous, si nous suivions votre conseil.

LE MAÎTRE.

Lorsque quelque chose intéresse, on doit le pratiquer.

LE PRONOM.

Je me nomme de différentes manières, selon les divers emplois auquel je suis destiné.

Faut-il marquer une relation avec le substantif qui me précède ? je m'appelle *Pronom relatif* : *L'enfant qui étudie* : — *L'enfant que je connais* ; *qui* et *que*, marquant une relation entre les substantifs *enfants* et *eux*, sont dits *Pronoms re-latifs.*

Si je questionne quelqu'un avec les formes interrogatives, je suis *Pronom interrogatif : Qui vous appelle ? — Que voulez-vous ?*

Quand j'indique les objets comme du bout des doigts, on me surnomme *Pronom démons-tratif : C'est Pierre qui parle.*

Si je signifie quelqu'un ou quelque chose, je suis *Pronom indéfini : Quelqu'un appelle. — On vous demande.* On ignore qui fait l'action exprimée par les verbes *appeler* et *demander*, c'est donc du vague et de l'indéfini.

LE TRÉMA.

Adoptez-vous le genre, le nombre et la per-sonnalité du substantif que vous représentez?

LE PRONOM.

Qui pourrait en douter? Ne suis-je pas un au-tre lui-même? Si je lui sers de caution, les mêmes devoirs m'incombent et je dois jouir des mêmes prérogatives. Aussi, je suis masculin ou féminin, singulier ou pluriel et de telle per-sonne que le nom dont je tiens la place.

LE TRÉMA.

Avec une si grande variété, l'orthographe de-vient presque impossible. Je suis sur le point de perdre patience.

LE MAÎTRE.

Vous connaissez la fable de la montagne tra-
vaillée par les horribles douleurs de l'enfante-
ment. La terre est ébranlée de ses cris effrayants;
l'océan épouvanté recule au fond de ses abîmes,
et une imperceptible souris sort des flancs im-
menses de l'accouchée.

LE TRÉMA.

Je ne comprends pas trop où vous voulez en
venir. Si vous aviez la bonté de parler au na-
turel, au lieu de parler au figuré, je pourrais
sans doute mieux vous comprendre.

LE MAÎTRE.

Vous vous désespérez au sujet de l'orthographe; vous craignez de ne jamais la connaître,
poussant des lamentations à ce sujet. J'ai donc
raison de vous dire: grands efforts, petits coups.

LE TRÉMA.

Tout cela est encore bien nébuleux pour moi.

LE MAÎTRE.

Ce que vous redoutez le plus, s'apprend le
plus facilement. Me comprend-on cette fois?

LE TRÉMA.

Impossible de vous refuser mon oui.

LE PRONOM.

Les quatre dernières parties du discours sont

invariables de leur nature , ayant toujours les
mêmes caractères. S'il n'en est pas ainsi des
six premières, les changements qu'elles éprou-
vent sont de si peu d'importance qu'on les
saisit sans le moindre effort.

L'ARTICLE.

Le rôle du *Pronom* est-il terminé ?

LE PRONOM.

Lorsque dans une période, ou réunion de
plusieurs phrases , le même pronom doit marquer divers rapports , il est nécessaire , afin que
toute confusion disparaisse , que l'écrivain
prenne une autre tournure, qu'il exprime diffé-
remment sa pensée , comme dans l'exemple suivant : *Dieu qui aime l'homme , qui est parfait,
lui réserve une couronne immortelle.* L'incidente,
qui est parfait , pouvant convenir également à
Dieu et à l'homme , il est bon de détruire l'é-
quivoque par cette tournure : *Dieu qui aime
l'homme parfait , lui réserve, etc.*

Je dois avertir , en finissant , que *je* marque
la première personne du singulier ; *tu* , la seconde ; *il* , *elle* , la troisième ; *nous*, la première du pluriel ; *vous* , la seconde ; *ils* , *elles*,
la troisième.

L'ADVERBE.

Reposez-vous maintenant à l'ombre de vos
lauriers.

LE MAÎTRE.

Toujours des signes d'une mauvaise éducation !

L'ADVERBE.

Ce que je viens de dire, je le sens. Si je n'étais point convaincu que mon condisciple le *Pronom* s'est très-bien tiré d'affaire, je me serais bien gardé de m'exprimer de la sorte.

LE MAÎTRE.

Je crois à votre bonne intention. Mais si vos paroles sont d'un sot, blessent, ressentent l'ironie, en suis-je la cause?

L'ADVERBE.

Nous n'avons plus alors qu'à mettre les points sur les i.

LE MAÎTRE.

Nouvelle et plus grave sottise ! Est-ce que vous osez narguer votre maître ?

L'ADVERBE.

Que ma langue s'attache à mon palais et que mes cheveux se dressent sur la tête, si j'ai voulu vous fâcher.

LE MAÎTRE.

Les hommes ne jugent que du dehors, sur les apparences seulement, tandis que Dieu voit le dedans, la réalité toute nue.

L'ADVERBE.

Il le faut bien ! Car que deviendrait sans cela l'innocence calomniée ?

LE MAÎTRE.

Il nous importe que la parole soit la fidèle image de la pensée.

L'ADVERBE.

Je remercie sincèrement le Seigneur de nous avoir donné un guide si vertueux.

LE VERBE.

C'est à moi à prendre la parole pour entrer dans l'explication de mes divers attributs.

Unique dans mon espèce, je suis un et ne peux être deux. En effet, marquant l'affirmation, je ne puis que dire : Oui, cela *est* ; non, cela n'*est* pas.

LE PRONOM.

On dit de tous les côtés que les livres fourmillent de verbes ; qu'on ne saurait discourir une heure sans en prononcer des centaines, et vous prétendez qu'il n'y en a qu'un seul. Nous sommes donc loin de compte.

LE VERBE.

Croyez que je ne mens pas.

LE PRONOM.

Je me garderais bien de vous accuser d'un si vil procédé.

7*

LE VERBE.

Quand je me serai expliqué, vous ne manquerez pas d'être de mon sentiment.

LE PRONOM.

J'en suis même avant que vous ayez ouvert la bouche pour vous expliquer.

LE VERBE.

Le *Verbe* est distinct ou combiné avec le *participe présent* : *je suis*, *tu seras*, *il est*, se rapportent au premier cas ; *il marche*, *tu dînes*; *je prie*, au second : car *il marche*, est pour *il est marchant* ; *tu dînes*, pour *tu es dînant* ; *je prie*, pour *je suis priant*.

LE PRONOM.

Cela m'est à présent aussi clair que le jour.

LE VERBE.

Le verbe proprement dit et sous sa forme distincte, est unique, tandis que l'on compte cinq sortes de *Verbes adjectifs*, ainsi appelés à cause du qualificatif en *ant* qu'ils renferment. Ce sont le *Verbe actif*, le *Verbe pronominal*, le *Verbe passif*, le *Verbe neutre* et le *Verbe unipersonnel*.

Le *Verbe actif* est celui qui a un sujet faisant l'action, et un régime direct la recevant : *Ma mère récite son chapelet*. *Récite* est un verbe actif dont le sujet *mère* fait, et le régime *chapelet* souffre l'action.

Au reste, pour reconnaître un *Verbe actif*, essayez de placer après tout verbe, *quelqu'un* ou *quelque chose*. Si vous le pouvez, le verbe est *actif. Je prie*, on peut dire, *prier quelqu'un* ; *prier* est donc un verbe actif. *Je mange*, on peut dire, *manger quelque chose*; *manger* est donc encore un verbe actif.

Le *Verbe passif* est le contraire du *Verbe actif* ; le régime fait l'action exprimée par le verbe et le sujet la souffre : *Dieu est prié par ma mère.*

Le *Verbe neutre*, ainsi nommé, parce qu'il n'est ni *actif*, ni *passif*, a bien un sujet qui fait l'action, mais il manque de régime direct : *Mon père dort depuis deux heures. Dort* est un verbe neutre, parce qu'on ne saurait dire *dormir quelqu'un* ou *quelque chose.*

Le *Verbe pronominal* ou *réfléchi* est celui qui se conjugue avec deux pronoms de la même personne ; le premier lui sert de sujet, et le second de régime direct ou indirect : *Je me flatte. — Tu te promets un brillant succès.*

Le *Verbe unipersonnel* est celui qui, dans tous les temps, n'a que la troisième personne du singulier : *Il tonne, il neige.*

LE NOM.

Si vous n'étiez pas le *Verbe*, nous serions fort surpris de votre fécondité. Comme un torrent, dont les eaux débordées couvrent une immense plaine de leurs flots écumants, vous nous couvrez de l'averse de vos paroles.

LE VERBE.

Je me divise encore en *Verbe régulier*, *irrégulier* et *défectueux*.

Le *Verbe régulier* est celui qui se conjuge sur un des modèles des quatre conjugaisons dont il sera parlé ci-après : *aimer* est un verbe régulier.

Le *Verbe irrégulier* est celui qui s'écarte de la route ordinaire dans certains temps ou certaines personnes : *pouvoir* et *vouloir* sont des verbes irréguliers.

Le *Verbe défectueux* est celui qui manque d'un ou de plusieurs temps, d'une ou de plusieurs personnes : *braire, falloir*, sont des verbes défectueux.

Il y a quatre conjugaisons actives pour servir de modèles à tous les verbes de cette classe. On les distingue les unes des autres par la terminaison de l'infinitif présent : *aimer, finir, recevoir, rendre*.

Le *Verbe* français a cinq modes, ou maniè-

res de représenter l'action qu'il exprime : le
mode de *l'indicatif*, le mode du *conditionnel*,
le mode de *l'impératif*, le mode du *subjonctif*
et le mode de *l'infinitif*. Les quatre premiers
sont dits *modes personnels*, et le cinquième,
mode impersonnel.

L'ARTICLE.

Cette distinction est pour moi insaisissable :
que signifient en effet ces mots *personnels* et
impersonnels ?

LE VERBE.

Pourtant, rien de plus simple. Les modes où
il y a une, deux ou trois personnes, portent le
nom de *personnels*, dérivant du mot personne.
Celui où les personnes manquent, s'appelle *impersonnel*, c'est-à-dire, sans personne.

L'ARTICLE.

Chaque temps a-t-il plusieurs personnes ?

LE VERBE.

Tous les *verbes réguliers* et même *irréguliers* ont trois personnes du singulier et autant
du pluriel dans chaque temps, excepté l'impératif qui n'en a qu'une du singulier et deux du
pluriel.

L'ARTICLE.

Il me semble avoir ouï dire à un de mes oncles, qu'un jeune homme de seize ans n'avait su que répondre à son maître, lui demandant, pourquoi la première personne du singulier manquait au mode du commandement.

LE VERBE.

C'est possible ! mais c'est une raison de plus pour que nous écoutions avec la plus grande attention. Ne devait-il donc pas penser qu'on ne se commande point à soi-même ?

L'ARTICLE.

On n'a pas à se plaindre de nous, vu que nous sommes aussi tranquilles ici qu'à l'église.

LE VERBE.

Vous savez qu'il y a trois *personnes* tant *singulières* que *plurielles*. La première agit ; on s'adresse à la seconde ; on parle de la troisième. Tout nom, excepté que le verbe soit à l'impératif, est de la troisième personne.

LE MAÎTRE.

J'en suis bien fâché ; mais malgré votre attention soutenue, le règlement plus fort que ma volonté, m'oblige à clore la discussion.

SEPTIÈME SCÈNE.

LE MAITRE, LE VERBE, LE PRONOM, LE PAR-
TICIPE, LA PRÉPOSITION, LA CONJONCTION.

LE MAÎTRE.

Verbe et *Pronom*, pourquoi riiez-vous avec
tant d'éclat, au moment où vous entriez dans
la salle? S'est-il passé dans la rue quelque chose
d'extraordinaire ?

LE VERBE.

Nous venions de voir un vieillard si horriblement laid, si difforme, si tortu et si voûté,
que nous ne pouvons encore nous regarder sans
éclater de rire.

LE MAÎTRE.

Cette conduite n'est pas chrétienne et peut
attirer sur vous un juste châtiment du ciel.

LE PRONOM.

Nous avons si souvent vu les uns se moquer des autres, tourner leurs défauts en ridi-
cule et plaisanter sur les difformités naturelles,
que nous considérions ce jeu comme tout à
fait innocent.

LE MAÎTRE.

Aimeriez-vous de devenir vous-mêmes le sujet des risées d'autrui ?

LE PRONOM.

Pas trop.

LE MAÎTRE.

Vous voilà donc pris dans vos propres filets !
car il n'y a rien de plus déraisonnable , ni de
plus honteux pour un homme digne de ce
nom , que de faire à son semblable ce qu'il ne
voudrait pas qu'on lui fît à lui-même.

LE PRONOM.

Vous avez raison ; nous avons tort.

LE MAÎTRE.

Un vieillard cassé, infirme , ne cesse de souf-
frir. Rien de plus hideux à ses yeux que l'aspect de la terre, prête à l'engloutir ; la solitude
qui se fait autour de lui , le rend continuelle-
ment triste ; la misère qui l'environne, est pour
lui souvent un nouveau surcroît de douleur.
Or, si à toutes ces angoisses, vous joignez la
plus poignante , celle des moqueries et des con-
fusions , comment qualifier une telle cruauté ?

LE MAÎTRE.

O mauvais exemples, voyez combien vos
fruits sont amers !

LE MAÎTRE.

Il y avait dans la Grèce deux fameuses répu-
bliques, la république de Sparte et celle d'A-

thènes. Cette dernière ville députe à la première deux citoyens honorables, mais chargés d'années. Les deux ambassadeurs arrivent au moment où les Spartiates étaient réunis pour un
spectacle. A peine les Athéniens sont-ils aperçus
que tout le monde se lève pour leur faire hom-
mage d'abord, et leur céder ensuite les deux
premiers siéges.

Sparte députe à son tour des vieillards ; mais
dès que les représentants vénérables de cette
sage cité paraissent dans les rues de sa rivale,
ses citoyens les couvrent de huées et de déri-
sions, les forçant ainsi de retourner chez eux,
sans avoir rien conclu.

LE VERBE.

Quelle abomination ! quelle horreur ! a-t-on
jamais rien vu de pareil ?

LE MAÎTRE.

Nous venons de voir bien pire. Les gens dont
nous parlons étaient sectateurs des faux dieux
et nous servons le véritable.

LE VERBE.

Mais le vieillard dont nous avons ri, n'était
point ambassadeur.

LE MAÎTRE.

Qu'importe ? il a, comme vous, une âme

créée à l'image de Dieu, laquelle est peut-être plus belle que la vôtre.

LE VERBE.

Tout ce que nous pouvons faire maintenant, c'est de demander à Dieu et d'en obtenir le pardon de cette faute.

LE MAÎTRE.

Il tend toujours les bras au pécheur qui veut revenir à lui.

LE VERBE.

Je vais reprendre le cours de mes explications.

L'ARTICLE.

Pourriez-vous nous dire combien de temps contient chaque mode ?

LE VERBE.

Le mode de *l'indicatif* contient tous les temps d'un verbe, c'est-à-dire, huit. Ces temps sont : *l'indicatif présent*, l'*imparfait*, le *passé défini*, le *passé indéfini*, le *passé antérieur*, le *plusque-parfait*, le *futur* et le *futur passé*.

Le mode du *conditionnel* en a deux, le *présent* et le *passé* ; le mode de l'*impératif*, un seul ; le mode du *subjonctif*, quatre, le *présent*, l'*imparfait*, le *passé* et le *plusque-parfait* ; et le mode de l'*infinitif* autant que celui du *subjonctif*, un *présent*, un *passé*, un *participe présent* et un *participe passé*.

LA CONJONCTION.

Nous allons de surprises en surprises. Vous dites vous-même qu'un verbe ne renferme que huit temps, et à la fin de votre propre calcul, nous lui en trouvons vingt. Daignez vous expliquer à ce sujet.

LE VERBE.

Nous comptons au mode de l'*Indicatif* un *présent, cinq passés* et *deux futurs*, ce qui fait huit temps en tout. A la vérité, un ou plusieurs de ces mêmes temps se répètent dans les quatre autres modes, mais ce n'est que pour marquer les différentes manières de représenter l'action exprimée par le verbe.

Ainsi le mode de l'*indicatif* l'exprime d'une manière absolue : *J'ai lu, je lirai, j'ai lu.*

Le mode du *conditionnel* suppose une condition : *J'irais à la promenade, si le temps était beau.*

Le mode de l'*impératif* marque le commandement : *Mon fils, levez-vous.*

Le mode du *subjonctif* exprime le désir, le doute : *Plût à Dieu que vous eussiez été fidèle à votre vocation !*

Le mode de l'*infinitif* l'exprime vaguement, sans nombre, ni personne : *lire, lisant, lu.*

L'ARTICLE.

Je me dis souvent en moi-même : quel temps faudrait-il employer pour exprimer telle circonstance ? Si vous nous montriez comment nous devons nous y prendre pour les construire grammaticalement, selon le cours de la durée, nous vous en saurions d'autant plus de gré qu'à nos yeux et aux yeux de beaucoup de monde, c'est un des points les plus délicats de la grammaire.

LE VERBE.

Les temps ont rapport à la durée, qui, bien loin d'être la même, se partage en une infinité d'instants. Au fond, il ne devrait y avoir que trois temps, le *présent*, le *passé* et le *futur*, parce que, ou l'on travaille actuellement, ou l'on a travaillé, ou l'on travaillera : *Je lis, j'ai lu, je lirai.*

Mais comme le passé et l'avenir se composent de moments plus ou moins proches ou éloignés, de là la nécessité de plusieurs *passés* et de plusieurs *futurs*, ou, en d'autres termes, de plusieurs inflexions différentes pour les exprimer.

LE MAÎTRE.

Courage ! mon enfant, on ne saurait mieux rendre un sujet difficile.

LE VERBE.

Comme le moment de la parole est un point indivisible, il ne peut y avoir qu'un seul *présent* : *Je travaille.*

On emploie l'*imparfait* pour exprimer une action qui avait lieu au moment même où une autre se faisait dans un temps passé : *Je dormais, quand vous entrâtes.*

Le *passé défini* suppose une durée complètement écoulée : *Je vous écrivis l'an passé.*

Le *passé indéfini* marque un temps, soit complétement écoulé, soit durant encore : *J'ai écrit la semaine dernière*, ou *cette semaine.*

Le *passé antérieur* marque une action devant avoir lieu après l'accomplissement d'une autre : *Je vous eus rendu une visite, si vous l'aviez désirée.*

On se sert du *futur simple* pour exprimer une action à venir : *Je vous rendrai service.*

Le *Futur passé* signifie un acte accompli au moment où un autre s'accomplira : *J'aurai dîné, lorsque midi sonnera.*

L'ARTICLE.

Cet exercice fera époque dans les annales de l'instruction.

LE MAÎTRE.

On ne pouvait dire plus, en moins de paroles.

LE VERBE.

Les temps se divisent en *temps simples* et en *temps composés*. Les temps sont *simples*, quand ils n'ont ni l'auxiliaire *avoir*, ni l'auxiliaire *être* : *J'aime, tu lis* : et *composés*, quand ils ont l'un ou l'autre de ces deux verbes : *J'ai lu ; tu as étudié*.

L'ARTICLE.

Pourriez-vous nous dire ce que signifie le mot *auxiliaire* ?

LE VERBE.

Auxiliaire signifie aide. Les verbes *avoir* et *être* sont ainsi nommés, parce qu'ils servent à conjuguer les autres. On les trouve imprimés au commencement de toutes les grammaires, pour donner à comprendre aux élèves avec quel soin ils doivent les étudier.

L'ARTICLE.

Je suis très-satisfait de cette explication.

LE VERBE.

Les verbes se divisent encore en *temps primitifs* et en *temps dérivés*. Les *temps primitifs* servent à former les *temps dérivés*.

Il y en a cinq : l'*infinitif présent*, le *participe présent*, le *participe passé*, le *présent de l'indicatif* et le *passé défini*.

Les *temps dérivés* sont ceux qui sont formés des *temps primitifs*.

LA CONJONCTION.

Nous est-il bien avantageux d'entrer dans le développement des principes consututifs de la formation des temps? Ne pouvons-nous pas bien connaître notre langue sans recourir à ce procédé ?

LE VERBE.

La connaissance approfondie des verbes nous intéresse d'autant plus, que presque toutes les difficultés de la langue résident en eux. Une fois que sans grammaire et à l'aide de notre mémoire seulement, nous pouvons réciter, ou tracer sur le papier, tous les temps et toutes les personnes des verbes les plus difficiles, combien d'obstacles franchis ! que de difficultés surmontées ! en même temps, quel doux plaisir pour nous ! quelle source de consolation pour nos familles !

LA CONJONCTION.

Croyez-vous que ce but sera atteint au moyen de vos savantes explications?

LE VERBE.

Sans contredit, et vous n'avez pour cela qu'à me continuer votre attention.

L'ARTICLE.

Nous goûtons la même satisfaction à vous entendre , que vous à nous parler.

LE VERBE.

Le *futur simple* se forme de l'*infinitif présent*, en ajoutant *ai* pour la première et la seconde conjugaison : aimer, *j'aimerai* ; finir, *je finirai* ; en changeant *oir* en *rai* pour la troisième : recevoir, *je recevrai* ; et *è* en *ai* pour la quatrième : rendre, *je rendrai*.

Ajoutez une *s* au futur et vous avez le *conditionnel présent*, qui se forme aussi de l'infinitif : *j'aimerais*.

Le *participe présent* forme 1° les trois personnes plurielles du *présent de l'indicatif*, en changeant *ant* en *ons*, *ez*, *ent*. Aimant, *nous aimons, vous aimez, ils aiment*.

2° L'*imparfait de l'indicatif*, en changeant *ant* en *ais* : finissant, *je finissais, tu finissais, il finissait*.

3° Le *présent du subjonctif*, en changeant *ant* en *e* : recevant, *que je reçoive, que tu reçoives, qu'il reçoive*.

Le *participe passé* forme tous les temps composés : *j'ai rendu, tu avais rendu*.

Le *présent de l'indicatif* sert à former l'*impératif* avec le retranchement du pronom sujet :

J'aime, *aime* ; nous lisons, *lisons*. On retranche aussi l's à la seconde personne du singulier
de la première conjugaison : Tu aimes, *aime*.

L'*imparfait du subjonctif* est formé par le *passé
défini*, en changeant i en *sse* pour la première conjugaison : J'aimais, *j'aimasse* ; et en ajoutant *se*
pour les trois autres : Je finis, *que je finisse* ; je
reçus, *que je reçusse* ; je rendis, *que je rendisse*.

L'ARTICLE.

Est-ce que le gosier ne vous cuit pas ? depuis le temps que vous parlez, vous devriez
avoir été pris d'une soif brûlante. Il faut être
véritablement le verbe, c'est-à-dire, avoir un
irrésistible penchant pour le babil, pour tenir
si longtemps dans une si terrible besogne.

LE VERBE.

Que vous me connaissez peu ! je parlerais
des mois entiers sans éprouver la moindre fa-
tigue. Cependant, comme ce que j'avais à dire
est sur le point d'être épuisé, ce sera bientôt le
tour du *participe*.

LE PARTICIPE.

Vos leçons sont beaucoup trop intéressantes
pour que nous souhaitions le moins du monde
d'en être sitôt à la fin. Soyez donc sans gêne,
continuant à étaler à nos yeux ce que vous croyez
encore nécessaire à notre instruction.

8

LE VERBE.

Si j'avais à anticiper sur ce que j'ai à dire au sujet des *analyses logique* et *grammaticale*, c'est-à-dire, sur la construction des phrases, vous auriez à m'écouter de longs moments encore ; mais ce qui est résolu, doit s'accomplir.

Aussi, je me bornerai à vous rappeler que, dans tout *verbe défectueux*, lorsqu'un ou plusieurs temps primitifs manquent, les temps dérivés et les personnes qui en découlent, manquent également. En effet, toute fontaine cesse de couler, quand la source qui l'alimente, tarit. Cette comparaison me semble définir parfaitement la chose.

(*Un murmure approbateur circule à cette heure dans tous les coins de la salle. Chacun se félicite, en serrant amicalement la main de son voisin, d'assister à une représentation aussi intéressante.*)

LE MAÎTRE.

Les signes d'approbation qui éclatent de tous les côtés, doivent fort encourager les élèves et le maître.

LE VERBE.

Il ne faut point cesser de travailler.

L'ARTICLE.

Nous devrions rougir d'ôter un seul instant la grammaire de dessous les yeux.

LA CONJONCTION.

Tout n'est point encore perdu. Qui nous empêche de renoncer à toute espèce d'amusement?

LE MAÎTRE.

Pas si vite! l'arc ne peut pas rester toujours tendu, a dit le philosophe phrygien.

LA CONJONCTION.

Qui empêche ?

LE MAÎTRE.

Il finirait par se casser.

L'ARTICLE.

Nous prenons les choses trop au vif.

LE MAÎTRE.

C'est de votre âge ; mais on ne vous donne pas un guide pour rien.

LE VERBE.

Rien de plus sensible que vos justes observations.

LE MAÎTRE.

Le soleil est plus brillant que la lune, la lune plus brillante que la terre.

8.

L'ARTICLE.

Ayez l'obligeance de tirer votre argument du milieu de l'épais brouillard dont vous l'avez enveloppé.

LE MAÎTRE.

Je ne suis que pâleur, comparé au brillant éclat de notre souveraine, et vous n'êtes vous-mêmes que ténèbres en comparaison du jour que je produis.

LE VERBE.

Oh! oh! c'est compris.

LA CONJONCTION.

Nous admettons volontiers la justesse de la première et de la seconde similitude; mais votre modestie éclate dans la troisième.

LE MAÎTRE.

A propos, j'ai une grande et bonne nouvelle à vous annoncer, en vous priant de la tenir secrète.

LA CONJONCTION.

Comme le secret est l'âme du succès et qu'il nous importe de nous y habituer de bonne heure, vous pouvez compter sur notre discrétion.

LE MAÎTRE.

Un enfant de Rome obtint le privilége d'ac-

compagner toujours son père au sénat, pour
avoir résisté aux pressantes sollicitations de sa
mère, qui voulait absolument apprendre de sa
bouche ce qui avait été décidé en sa présence.

LA CONJONCTION.

Quoi que vous nous confiiez, nous suivrons
l'exemple du jeune Papirius.

LE MAÎTRE.

Une indiscrétion pourrait me compromettre
gravement.

LA CONJONCTION.

Parlez ! parlez ! nous vous chérissons beaucoup trop pour vous donner le moindre chagrin.

LE MAÎTRE.

On est si léger à votre âge ; on pénètre si peu
avant dans les funestes conséquences d'un mot
imprudemment lâché, que je ne sais que faire.

LA CONJONCTION.

Nous aimons mieux ignorer que de vous voir
en proie aux plus mortelles inquiétudes à notre
sujet.

LE MAÎTRE.

Comme je vous aime, de même que si vous
étiez mes propres enfants, je ne voudrais pas
vous voir, pour tous les trésors du monde, li-

vrés aux plus douloureux embarras, causés par l'impossibilité de répondre.

LA CONJONCTION.

Il est donc question d'un examen.

LE MAÎTRE.

Puisque vous l'avez deviné, je ne vous cacherai point que notre reine vient présider à l'exercice de lundi matin, pour s'assurer par elle-même de vos progrès dans la vertu et dans l'instruction.

LA CONJONCTION.

Elle ne se fie donc pas à vos rapports.

LE MAÎTRE.

Toute confiante qu'elle est en moi, elle veut voir de ses yeux et entendre de ses oreilles.

LA CONJONCTION.

Quelle méfiance !

LE MAÎTRE.

Tous les bons maîtres sont ainsi faits, et cela est d'autant plus nécessaire que l'œil du maître voit plus clair, seul, que mille étrangers à la fois. A lundi donc.

TROISIEME ACTE.

PREMIÈRE SCÈNE.

LA GRAMMAIRE, LE MAITRE ET TOUS LES ÉLEVES.

LA GRAMMAIRE.

Mon cher Gasparin, comment cultivez-vous votre parterre?

LE NOM.

(*A l'oreille du* Verbe :) Elle prend notre maître pour un jardinier.

LE VERBE.

(*A l'oreille du* Nom :) Nous sommes en réalité de jeunes fleurs, destinées à exhaler une bonne ou une mauvaise odeur, selon la nature de nos actes.

LE MAÎTRE.

Je n'oublie rien pour correspondre à votre maternelle sollicitude pour tous ces tendres enfants.

LA GRAMMAIRE.

Je ne doute ni de votre bonne volonté, ni de

votre dévouement, ni de vos efforts : car ce n'est pas d'aujourd'hui que nous nous connaissons.

LE MAÎTRE.

Vous me faites beaucoup trop d'honneur, Madame ; je suis loin de mériter de votre part une si honorable distinction.

LA GRAMMAIRE.

Cependant, je suis la maîtresse, et sous ce rapport, j'éprouve l'impérieux besoin de voir, d'entendre, de toucher ce qui me regarde personnellement.

LE MAÎTRE.

Rien de plus juste, Madame ; vous ne jouissez pas pour rien de la réputation la plus glorieuse et la plus étendue.

LA GRAMMAIRE.

La renommée ne signifie absolument rien à mes yeux ; l'accomplissement du devoir, voilà ce qui me guide.

LE MAÎTRE.

C'est plus rationnel, plus noble, Madame.

LA GRAMMAIRE.

La pensée de gagner le ciel me tient lieu de tout.

LE MAÎTRE.

C'est le comble de la sagesse chrétienne.

LA GRAMMAIRE.

. Que font donc ces enfants ? avancent-ils dans l'esprit de religion et de charité ?

LE MAÎTRE.

Nous nous occupons de la piété autant que de l'instruction.

LA GRAMMAIRE.

Ce n'est point assez. Comme, sans la vertu, l'homme n'est rien sur la terre ; qu'au lieu d'y savourer des délices, il y est bourrelé d'incessants remords, quels que soient d'ailleurs sa fortune et son rang, il importe de consacrer de longues heures à lui en faire connaître les charmes attrayants, en la dépouillant de ce qu'elle a de trop austère aux yeux de l'enfance.

LE MAÎTRE.

Je ne m'écarte guère de votre manière de voir.

LA GRAMMAIRE.

Les prières, le catéchisme sont-ils bien sus ?

LE MAÎTRE.

Parfaitement ! vous n'aurez que des éloges à donner sous ce rapport.

LA GRAMMAIRE.

Tréma, qu'est-ce que Dieu ?

LE TRÉMA.

Dieu est le créateur du ciel et de la terre, le souverain Seigneur de tous les mondes.

LA GRAMMAIRE.

Combien y a-t-il de sacrements ?

LE PRONOM.

Il y a sept sacrements, savoir : le baptême, la confirmation, l'eucharistie, l'extrême-onction, l'ordre et le mariage.

LA GRAMMAIRE.

Assiste-t-on régulièrement aux offices, les dimanches, et à la messe, les jeudis ? dans quelle posture se tient-on en face du Dieu trois fois Saint ?

LE MAÎTRE.

Les élèves doivent être sérieusement indisposés pour n'être pas soumis à ce devoir de la religion. D'eux-mêmes, sans en attendre l'ordre, ils se hâtent de prendre leurs livres de prières, et ils ne cessent, durant tout le temps du sacrifice, de s'unir d'intention avec l'officiant.

LA GRAMMAIRE.

Les confessions sont-elles fréquentes ? s'approche-t-on quelquefois de la Sainte Table ?

LE MAÎTRE.

On se confesse tous les mois. Quatre commu-
nions par année, c'est-à-dire, une tous les trois
mois, sont dans les habitudes des élèves, qui
ont communié.

LA GRAMMAIRE.

Tout le monde, vieillards, parents, maître,
sont-ils respectés, obéis ?

LE MAÎTRE.

Je n'ai que des louanges à vous faire sous
tous les rapports.

LA GRAMMAIRE.

Êtes-vous distrait ou trop bon ? Je ne dois
pourtant rien ignorer, afin d'empêcher le désordre de régner au milieu de vous.

LE MAÎTRE.

Je vous comprends, Madame : mon silence
indique que le mal a été guéri dans sa racine.

LA GRAMMAIRE.

Cette heureuse circonstance vous devait d'autant moins lier la langue, qu'elle vous méritait
un compliment de ma part.

LE MAÎTRE.

C'est peut-être le motif qui....

LA GRAMMAIRE.

Ce n'est pas cette considération qui vous a retenu ; mais si vous ne me trompez, ou si vous ne vous trompez vous-même, c'est votre trop bon cœur, voulant épargner au coupable un châtiment mérité.

LE MAÎTRE.

Je ne saurais en disconvenir, puisque c'est vrai.

LA GRAMMAIRE.

N'avez-vous pas dit aux enfants, avec recommandation du plus grand secret, que je présiderais aujourd'hui à cet exercice ?

LE MAÎTRE.

(*Les yeux baissés et la figure pâle :*) Pardonnez-moi, Madame.

LA GRAMMAIRE.

Trop de bonté cause souvent notre perte.

LE MAÎTRE.

Je supporte mon chagrin, étant contre l'infortune d'une patience à toute épreuve ; mais le malheur des autres me tue.

LA GRAMMAIRE.

Vous auriez dû voir le jour, ou dans un autre siècle, ou sous un autre soleil.

LE MAÎTRE.

Si la sensibilité est un principe de souffrance, elle est aussi une source de plaisir.

LA GRAMMAIRE.

Pourvu que vous infligiez des punitions proportionnées aux fautes, je ne puis rien demander de plus.

LE MAÎTRE.

Puissé-je ne jamais me servir de férule ou de pensum !

LA GRAMMAIRE.

Je fais les mêmes vœux que vous ; mais vous connaissez la légèreté des enfants.

LE MAÎTRE.

Les enfants copient presque toujours ceux qui les dirigent.

LA GRAMMAIRE.

Je suis tout à fait de votre sentiment. Soyons donc vertueux, afin qu'ils le deviennent.

LE MAÎTRE.

Il y a longtemps que je médite sur les obligations d'un instituteur : aussi, la nécessité de donner l'exemple ne m'a pas échappé.

LA GRAMMAIRE.

Les éléments de la grammaire s'apprennent-ils aussi bien que ceux de la religion ?

LE MAÎTRE.

Nous cultivons les uns et les autres avec le même soin.

LA GRAMMAIRE.

Êtes-vous content des élèves sous ce dernier rapport ?

LE MAÎTRE.

A peu près autant que sous le premier.

LA GRAMMAIRE.

Les leçons de mémoire sont-elles sues couramment?

LE MAÎTRE.

Très couramment ! c'est même la condition sans laquelle on serait condamné à une répétition.

LA GRAMMAIRE.

La lecture et l'écriture sont-elles bonnes, conformes aux divers signes marqués pour l'une et pour l'autre ?

LE MAÎTRE.

Les corrections que je n'oublie jamais de faire, produisent le meilleur effet.

LA GRAMMAIRE.

Il y a donc progrès général.

LE MAÎTRE.

Le progrès est tel que la maison ne peut plus contenir les élèves, attirés de toute part par la bonne odeur que nous exhalons.

LA GRAMMAIRE.

La nouvelle méthode de m'enseigner doit être pour quelque chose dans ce mouvement inusité.

LE MAÎTRE.

C'est plus que probable. ·

LA GRAMMAIRE.

Si lors de ma dernière visite, vous m'ignoriez complétement, je dois sans doute commencer à me trouver en pays de connaissance.

LE MAÎTRE.

Vous pouvez le croire, Madame.

LA GRAMMAIRE.

J'en suis plus que persuadée, vu que vous le dites.

LE MAÎTRE.

Vous avez les moyens de vous en assurer.

LA GRAMMAIRE.

Je vais les mettre en œuvre.

LE MAÎTRE.

Les élèves sont tous armés de pied en cap.

LA GRAMMAIRE.

Il ne s'agit pas ici d'une bataille.

LE MAÎTRE.

Il est question d'un combat, d'un jeu de mots.

LA GRAMMAIRE.

Combat, jeu de mots, soit. *Verbe*, comment vous définissez-vous?

LE VERBE.

J'exprime l'affirmation et m'appelle verbe *être*.

LA GRAMMAIRE.

Êtes-vous nombreux dans votre famille?

LE VERBE.

Je suis tout seul.

LA GRAMMAIRE.

Comment tout seul! on ne peut ouvrir la bouche sans prononcer des verbes et vous vous dites unique en votre espèce?

LE VERBE.

Je suis distinct ou combiné avec le *participe présent*. C'est ce qui accrédite l'erreur populaire sur ma prodigieuse multiplication.

LA GRAMMAIRE.

Pronom, que faites-vous? Dans quel but se

sert-on de vous dans la construction de la langue française ?

LE PRONOM.

Je tiens la place du *nom* ; on m'emploie pour rappeler l'idée du nom et éviter sa trop désagréable répétition.

LA GRAMMAIRE.

L'article voudra-t-il nous décliner ses fonctions ?

L'ARTICLE.

Je me place devant les noms ou substantifs communs pour en déterminer le genre et le nombre.

LA GRAMMAIRE.

Comme on ne saurait désirer mieux, il me reste à vous encourager pour l'avenir.

D'abord, en signe de ma satisfaction présente, vous aurez une promenade, le premier jour de beau temps, et une heure de récréation de plus aujourd'hui ; ensuite, on donnera au futur examen de magnifiques prix aux élèves qui se seront le plus distingués.

LE MAÎTRE.

C'est bien flatteur pour les enfants et pour moi.

LA GRAMMAIRE.

Continuez vos exercices avec le même zèle, et la fin ne manquera pas de couronner l'œuvre.

(*Toute l'assistance vient saluer profondément la* Grammaire *qui, après avoir rendu le salut, sort modestement de la salle pour entrer dans son appartement.*)

DEUXIÈME SCÈNE.

TOUS LES PRÉCÉDENTS A L'EXCEPTION DE LA GRAMMAIRE.

LE MAÎTRE.

Vous me regardez tous avec un air d'intérêt, qui, bien loin de me blesser, augmente mon affection pour vous.

LA CONJONCTION.

Nous avons été tour à tour tristes et joyeux à votre occasion dans le dernier dialogue.

LE VERBE.

Qui aurait pu considérer un cœur si aimant, un âme si tendre, un amour si puissant envers nous, sans nous sentir pénétrés de la joie la plus vive ?

LE NOM.

Ce que notre aimable souveraine vous a ex-

primé de dur sur la demande du secret et sur le
pardon trop facilement accordé aux contemp-
teurs de la vieillesse, nous a tous péniblement
affectés.

L'ARTICLE.

Nous avons été un instant sous le coup d'u-
ne inexprimable terreur.

LE MAÎTRE.

Ce qui me console et me réjouit, c'est que
Madame a été pleinement satisfaite de vous tous.

LE VERBE.

Si nous sommes les seuls à vous intéresser,
nous ne nous intéressons également qu'à vous,
nous perdant nous-mêmes de vue autant que
vous pensez peu à vous pour ne vous occuper
que de nous.

LE MAÎTRE.

C'est assez : car je ne puis presque porter le
doux poids de ma félicité.

LE VERBE.

Nous ne sommes pas des égoïstes.

LE MAÎTRE.

Laissez dans un éternel oubli ces horribles
monstres.

LE VERBE.

Je prononce ce mot sans trop savoir ce qu'il signifie.

LE MAÎTRE.

L'égoïste ne pense qu'à lui, veut tout pour lui : c'est le serviteur de l'Antéchrist.

LE VERBE.

Votre horreur pour lui ne me surprend plus.

LE MAÎTRE.

Il nous convient de bien préparer nos matières pour le prochain examen.

LE PARTICIPE.

Je suis prêt à vous exposer la variété de mes fonctions.

LE MAÎTRE.

Vous le pouvez sans autre préambule.

LE PARTICIPE.

Comme je suis généralement regardé comme très-difficile à apprendre, il me convient de déclarer, dès le début, que c'est là une erreur déplorable, ma propre expérience et celle des enfants studieux, étant persuadées du contraire.

LE PRONOM.

J'ai toujours entendu parler de vous comme d'un problème presque insoluble. Aussi, en

débutant, comme vous l'avez fait, vous avez
ôté de dessus mes épaules un poids écrasant.

LE PARTICIPE.

Si je porte ce nom, c'est parce que je participe à la nature du verbe et de l'adjectif,
exprimant une action, comme le premier, et
marquant une qualité comme le second.

On me divise en *participe présent : aimant ;*
et en *participe passé : aimé.*

Je suis invariable dans ma première fonction : *Un homme lisant, une femme lisant ;
des hommes lisant, des femmes lisant.* Le participe *lisant* ne change point, que son sujet soit
masculin ou féminin, singulier ou pluriel.

LE PRONOM.

Comme les *adjectifs* terminés en *ant*, sont
assez communs dans notre langue, à quels signes les distinguer des *participes présents ?*

LE PARTICIPE.

Rien de plus facile ; le moindre travail vient
à bout de cette distinction.

Si devant le mot en *ant*, il est possible de
placer le pronom relatif *qui* avec le changement
du participe en un autre temps du verbe, le
mot est alors *participe : Les enfants chérissant
leurs pères et leurs mères, observent le quatrième commandement de Dieu.* Or, comme dans

9*

la dite phrase, on peut tourner *chérissant* par *qui chérissent*, il en résulte que ce terme est *participe présent*.

Mais le mot en *ant* est au contraire *adjectif*, s'il est impossible de placer devant lui le même pronom que dessus, et de tourner par un temps du verbe : *Un enfant qui répond poliment et obéit avec docilité, est charmant*. Or, comme on ne peut pas dire ici *qui charme* ou *qui charmait*, il en résulte que le terme *charmant* est simplement un *adjectif*.

LE PRONOM.

Est-ce là la seule remarque à faire au sujet de notre discussion?

LE PARTICIPE.

Il y en a une seconde bien plus péremptoire. Comme le verbe exprime une action, le participe présent est presque toujours suivi d'un régime, soit direct, soit indirect : *Nos amis buvant de la bière*. Comme *buvant* est suivi d'un régime direct et qu'il exprime une action, il est *participe présent*.

Au contraire, si le mot en *ant*, au lieu d'être accompagné d'un régime, marque simplement un état, une manière d'être, il est *adjectif verbal* ou *ordinaire : Ce sont des amis prévoyants*.

LE PRONOM.

Vous me semblez moins difficile qu'on ne le croit communément.

LE PARTICIPE.

Qui ignore les travers du monde ? il veut ce qu'il veut, sans trop réfléchir sur la justice de son vouloir. Loue-t-il quelqu'un ? il l'élève jusqu'aux nues, bien que l'objet de sa prédilection mérite plutôt le mépris que l'estime des gens de bien.

Un autre devient-il au contraire l'objet de ses grossiers sarcasmes ? il l'écrase sous le poids de ses folles malédictions, quoiqu'il mérite d'être respecté pour ses sentiments élevés, pour sa grandeur d'âme et surtout pour la sombre tristesse que répand sur son front l'affligeant spectacle des peuples privés du sens commun.

LE PRONOM.

Laissez dire, laissez-vous calomnier ; la vérité finit toujours par triompher.

LE PARTICIPE.

La réputation la plus glorieusement acquise se rembrunit sous l'action d'intrépides médisants.

LE PRONOM.

Il ne faut pas que l'indignation vous fasse trop écarter de votre sujet.

LE PARTICIPE.

· Quand je suis *participe passé*, ou je marche seul, ou en la compagnie de l'un des deux auxiliaires. Dans le premier cas, je m'accorde avec le *Nom: Père chéri, mères chéries ; pères chéris, mères chéries.*

Lorsque je suis accompagné de l'auxiliaire *être*, je m'accorde toujours en genre et en nombre avec le sujet de la proposition : *Le domestique est allé à la messe. — La servante est allée à la messe. — Les domestiques sont allés à la messe. — Les servantes sont allées à la messe.*

Quand, au lieu de l'auxiliaire *être*, je prends l'auxiliaire *avoir*, je ne m'accorde pas, ou je m'accorde avec le sujet de la phrase, selon que je ne suis point ou que je suis précédé du régime direct exprimé par *que*, *le*, *la*, *les*, *nous*, *vous*, *me*.

D'abord, si je ne suis point précédé de l'un de ces régimes, je reste invariable : *J'ai acheté une maison. — Nous avons acheté une maison.*

Au contraire, si le régime direct me précède, je m'accorde avec le sujet en genre et en nombre : *L'homme que j'ai vu ; vu*, masculin et singulier, comme le sujet *homme. La femme que j'ai vue ; vue*, féminin singulier, comme le sujet *femmes. Les hommes que j'ai vus ; vus*, masculin pluriel, comme le sujet *hommes. Les fem-*

mes que j'ai vues ; vues, féminin pluriel, comme
le sujet *femmes.*

L'ARTICLE.

Vous n'êtes pas plus difficile que nous tous.

LE NOM.

Il ne faut point s'arrêter aux rumeurs popu-
laires.

L'ADJECTIF.

Comme les plus coupables dans le monde
parlent souvent le plus mal, déchirant impitoya-
blement la réputation la mieux fondée ; ainsi ,
les écoliers paresseux s'emportent contre le participe, non pas en raison de ses trop grandes
difficultés, mais pour rendre leur paresse excusable.

LE PARTICIPE.

Si ce n'est pas un motif pour l'honnête homme de dévier de la voie de l'équité, parce qu'on
le calomnie, l'écolier doit de même se mainte-
nir dans la bonne habitude de l'application et du
travail, bien qu'on lui peigne la réussite comme
presque impossible.

Avez-vous de la clarté dans les idées et de
l'aptitude dans vos dispositions , ne redoutez
aucun obstacle ? car tout monticule s'aplanira
sous vos efforts.

LA CONJONCTION.

L'expérience nous le démontre tous les jours.

L'ADVERBE.

C'est un grand maître que l'expérience.

LE NOM.

C'est le premier de tous.

LE PARTICIPE.

Si le régime direct, me précédant, se rapporte à l'infinitif, au lieu de se rapporter à moi-même, je me mets au masculin singulier, ce qui a lieu toutes les fois que je ne varie pas : *La chanson que j'ai entendu chanter ; les livres que j'ai vu lire à Pierre.* Comme le premier *que* est régime direct de *chanter* au lieu d'*entendu*, et le second de *lire*, au lieu de *vu* ; *entendu* et *vu* restent au masculin singulier, bien que *chanson* représenté par le premier *que* soit féminin, et *livres*, représenté par le second *que*, soit pluriel.

LE NOM.

Mais encore ! comment s'assurer, que le régime direct se rapporte à l'infinitif et non au participe passé ?

LE PARTICIPE.

Si l'*infinitif* peut se tourner par le *participe présent*, comme dans les deux exemples suivants, *les musiciens que j'ai entendus jouer* ou *jouant*. — *Les perdreaux que j'ai vus voler* ou *volant*, sans que les oreilles soient pour cela blessées, accord du participe avec le régime direct, sinon, le participe reste invariable.

LE NOM.

Pourriez-vous nous citer encore un autre exemple de ce même cas où le participe passé, suivi d'un infinitif, se rapporte au régime direct ?

LE PARTICIPE.

Vous allez être immédiatement satisfait : *La rivière que j'ai vue couler*. Accord du participe avec *que* représentant *rivière*, parce qu'on peut tourner l'infinitif par le participe présent.

LE NOM.

Nous sommes enchantés de voir toutes les difficultés se résoudre les unes après les autres, sans qu'il reste dans l'esprit la moindre équivoque.

LE PARTICIPE.

Comme les commençants peuvent être quelquefois embarrassés au sujet des *Verbes pronominaux*, auxquels l'unique ou le second pronom sert toujours de régime direct ou indirect, nous allons établir à leur occasion les règles suivantes :

Si le verbe est essentiellement pronominal , c'est-à-dire, s'il a pour régime direct son second ou unique pronom , accord du participe avec lui : *Ce monsieur s'est promené sur la place.* — *Ces messieurs se sont promenés sur la place.* — *Cette dame s'est promenée.* — *Ces dames se sont promenées*; les quatre participes passés *promené*, *promenés*, *promenée*, *promenées*, sont du même genre et du même nombre que le pronom *se*.

Lorsque le pronom *se*, ou tout autre, précédant immédiatement le *verbe pronominal*, est régime indirect, au lieu de direct, le participe passé reste invariable : *Cet homme s'est donné la mort*, ou *a donné la mort à lui.* — *Cette femme s'est donné ou a donné la mort à elle.* — *Ces hommes se sont donné ou ont donné la mort à eux.* — *Ces femmes se sont donné ou ont donné la mort à elles.* Dans ces quatre cas , le pronom *se* est régime indirect, et par conséquent sans action sur le participe.

Un verbe pronominal, bien que conjugué activement, a donc souvent un pronom, qui n'est que régime indirect. Ce même pronom est toujours régime indirect, lorsque le verbe pronominal est de forme neutre: *Cet enfant s'est*

nui. — *Ces enfants se sont nui.* —*Cette fille s'est*
nui. — *Ces filles se sont nui:* comme *se* signifie
ici *à lui, à eux, à elle, à elles*, et que le verbe
pronominal est conjugué neutralement, le participe passé est invariable.

Depuis plus de cinq minutes, quelqu'un me
coudoie si rudement que j'ai failli perdre le fil
de ma narration à plusieurs reprises. Que Dieu
lui pardonne! Serait-ce par hasard le *Nom?*

LE NOM.

Ma volonté n'est pour rien dans le procédé
dont vous vous plaignez avec tant d'aigreur.
Croyant que vous prononciez les dernières syl-
labes de votre rôle, je vous tendais la main en
signe de félicitation, entraîné que j'étais par le
charme de vos paroles. Y a-t-il en cela quelque
inconvenance?

LE PARTICIPE.

. Vous êtes plus qu'excusable ; vous méritez
même des éloges. Nous avons toujours été
si liés d'amitié, qu'un rien, un léger mouvement d'impatience, ne saurait la refroidir. Nous
aimant en Dieu et pour Dieu, c'est tout comme
si un moucheron essayait de nous voiler la face
du soleil.

LE NOM.

Nous sommes sujets, comme tous les hommes, à de brusques tourbillons de vivacité, qui

nous emportent quelquefois loin des bornes de la raison. La possession absolue, le souverain empire sur son esprit et sur son cœur, présupposent de longues luttes, les combats les plus acharnés, dans lesquels la victoire se déclare souvent en faveur du droit. Sans ces épreuves décisives, on coule des jours pleins d'agitation et de calme, tour à tour soumis aux vicissitudes les plus opposées, comme l'atmosphère au milieu de laquelle nous vivons.

LE PARTICIPE.

C'est la triste destinée des enfants d'Adam, de passer successivement du mal au bien, de l'amitié à la haine. Aussi, ayons recours au souverain remède, puisant dans la fréquentation des sacrements, la grâce qui vivifie et conduit à la gloire céleste.

LE MAÎTRE.

Vous connaissez mon respect pour la règle. A ce soir.

TROISIÈME SCÈNE.

LE MAÎTRE, L'ADVERBE, L'ADJECTIF, LE VERBE.

LE MAÎTRE.

Je crains que plusieurs d'entre vous ne se familiarisent avec le mensonge.

LE VERBE.

Étant au milieu du monde, nous faisons comme lui.

L'ADJECTIF.

Vous répondez très-mal. On doit suivre le monde, lorsqu'il fait bien, et l'éviter dans le mal.

LE MAÎTRE.

Votre réponse mérite une récompense.|

L'ADJECTIF.

Auriez-vous la bonté de nous définir le mensonge?

LE MAÎTRE.

Le mensonge est le contraire de la vérité: on ment donc toutes les fois qu'on dit ce qui est faux.

L'ADJECTIF.

Sommes-nous obligés de dire toujours la vérité, ou de nous taire plutôt que de mentir?

LE MAÎTRE.

Dieu l'a ainsi ordonné et par conséquent voulu, sous les peines les plus sévères.

L'ADJECTIF.

Si le mensonge nuit à la personne, au bien et à la réputation du prochain, je comprends la colère du ciel contre le menteur.

LE VERBE.

Mais s'il ne nuit à personne ; qu'il ne soit proféré que pour rendre la conversation plus agréable, pour mieux amuser son monde, exalter quelqu'un ou quelque chose , quel mal contient-il?

LE MAÎTRE.

Dieu est vérité : or, nous n'avons pas été créés à son image pour exprimer de bouche le contraire de ce qui est gravé au fond du cœur.

LE VERBE.

Il n'y a donc point de différence entre mensonge et mensonge : tous étant également défendus.

LE MAÎTRE.

Le mensonge qui nuit , oblige à restitution celui qui le profère : tout autre doit être effacé par le repentir.

LE VERBE.

La société est littéralement pleine de menteurs.

LE MAÎTRE.

Vous n'avez rien à voir là dedans. Soyez vrai vous-même , c'est l'important.

LE VERBE.

Mais les hommes se soucient peu des menaces de l'avenir : ce qui les préoccupe surtout , c'est le moment présent.

LE MAÎTRE.

Qui est plus sévèrement puni , dès ce monde , que le menteur ? Accusé , on ne croit pas à sa justification ; innocent , on le croit coupable ; véridique , on le regarde comme faux. La parole qui, dans un fidèle serviteur de la vérité, produit tant d'heureux effets, est un fruit stérile sur ses lèvres.

LE VERBE.

(*Tout effrayé :*) Mon Dieu ! puissé-je ne jamais plus mentir ! je vous demande très-humblement cette grâce.

LE MAÎTRE.

Les Anglais , excellents juges en cette matière , ne mettent point de différence entre un menteur et un voleur , à tel point que ces deux mots sont synonymes dans leur langue.

LE VERBE.

Ciel ! est-il possible ? Je suis effrayé du grand nombre de....

LE MAÎTRE.

Calmez-vous ? Mort aux habitudes d'autrui , travaillez à régler les vôtres.

LE VERBE.

Mais encore....

LE MAÎTRE.

Vous n'aurez à répondre devant Dieu que de votre âme.

LE VERBE.

Je me rends avec armes et bagages.

LE MAÎTRE.

Les menteurs de profession sont en état de commettre toutes sortes de crimes.

L'ADJECTIF.

N'allez-vous pas un peu trop loin ? Je connais bien des menteurs, qui n'ont à se reprocher que de légères contre-vérités.

LE MAÎTRE.

Bien loin de vous contredire, je partage votre sentiment; mais les règles concluent au général, et les exceptions au particulier.

LE VERBE.

Daignez nous expliquer votre pensée.

LE MAÎTRE.

De ce que vous connaissez un honnête menteur, (puisse-t-il l'être) ! il ne s'ensuit pas que tous les autres le soient.

LE VERBE.

Je n'ai jamais eu cette sotte prétention.

LE MAÎTRE.

Mais si le mensonge est une source impure , une mare infecte, un aliment de corruption , ne peut-on pas conclure, que tous ceux qui usent de ces substances empoisonnées , tombent en dissolution ?

LE VERBE.

Ce que vous dites est fort, mais conforme à la vérité.

LE MAÎTRE.

Le menteur est toujours innocent, à moins qu'on ne le surprenne en flagrant délit.

LE VERBE.

Rien de plus vrai.

LE MAÎTRE.

Le menteur sert de témoin à charge, de principal témoin, contre le malheureux, qui est accusé en sa place.

LE VERBE.

C'est le plus horrible des crimes.

LE MAÎTRE.

C'est un attentat qui se renouvelle tous les jours. Enfin, qu'il calomnie , qu'il attaque et rançonne les voyageurs sur la route, qu'il plonge un poignard dans le sein d'un voyageur, le menteur, non content de se soustraire lui-même au châtiment, cherche des combinaisons pour compromettre l'innocence.

LE VERBE.

Détournons nos regards d'un si hideux tableau et revenons à nos exercices accoutumés.

LE MAÎTRE.

Vous avez bien raison ; mais que Jésus cloué à la croix par le mensonge, ne cesse de nous inspirer la plus vive horreur pour ce vice.

L'ADVERBE.

Puisque le *Participe* a fini son rôle, je commencerai le mien. Mais comme vous êtes déjà fatigués, j'abrégerai autant qu'il me sera possible.

LE VERBE.

Vous donnez une mauvaise raison : car une maison n'est véritablement finie, que lorsqu'elle a reçu tous ses compléments. Ainsi, ne craignez pas d'être long ; il nous importe, il importe à nos parents, en présence desquels nous sommes, que nous sachions très-bien l'explication de tous les termes de la grammaire, afin que nous puissions nous en servir conformément aux règles.

L'ADVERBE.

Mon nom vient de ce qu'accompagnant pour l'ordinaire le verbe, je suis dans l'habitude de modifier sa signification : *Cet enfant parle bien.* — *Cet enfant parle mal.* — *Cet enfant parle beaucoup.* — *Cet enfant parle peu :* le verbe *parle* s'entend de quatre manières différentes , selon les quatre adverbes, qui le modifient en sens divers.

LE VERBE.

Ce n'est pas si mal commencé. En continuant avec la même simplicité le restant de votre rôle, vous serez aussi saisissable que le premier d'entre nous.

L'ADVERBE.

Entre amis, les peines et les satisfactions sont communes ; c'est même là le signe le plus certain de la véritable amitié. Aussi, depuis que j'ai l'honneur d'être admis dans votre intimité, je me suis toujours réjoui avec les contents, et j'ai pleuré avec les tristes.

LE VERBE.

C'est tout à fait évangélique et conforme à la plus haute raison.

L'ADVERBE.

Je modifie encore l'adjectif que je précède immédiatement ; et, ce qui est presque inoui, je

10

me modifie moi-même : *Un enfant nouveau-né.*
— *Un père très-cher à sa famille.* — *Un nuage
horriblement noir.* Les adverbes *nouveau*, employé pour *nouvellement*, *très*, *horriblement*,
donnent aux adjectifs *né*, *cher* et *noir* des caractères particuliers qu'ils n'auraient pas sans eux.

D'ailleurs, dans *je suis très-bien; vous êtes
très-mal*, les adverbes *bien* et *mal*, avec l'adverbe
très qui les précède, ont une signification toute
autre que sans eux.

LE VERBE.

Au sujet de l'adjectif *nouveau*, employé
comme un adverbe, j'aurais une remarque à
faire.

L'ADVERBE.

Je suis prêt à répondre tout ce que me permettra ma faible capacité.

LE VERBE.

Puisqu'un adjectif peut devenir adverbe,
l'adverbe substantif, pourriez-vous nous indiquer à quel signe on reconnaît ces changements?

L'ADVERBE.

Chaque fois que l'article détermine une des
dix parties du discours, il est employé substantivement: *les oui, les non; le bien, le mal;
le vieux, le nouveau; l'aimer, le haïr.*

Lorsqu'un substantif qualifie et manque d'article, il est pris adjectivement: *Il est roi.*

LE VERBE.

Tout cela est très-bon à savoir.

L'ADJECTIF.

Avec son humilité exemplaire, l'*Adverbe*, qui, selon ses propres expressions, proportionne son repentir au degré de légèreté ou de gravité de sa faute, excite en mon cœur les plus amers regrets, au sujet de mes études.

Enfermé depuis le matin jusqu'au soir dans un appartement, toujours un livre sous les yeux, une plume à la main, maigre chère, peu d'amusements, peu de récréation; puis en présence d'un Argus, te levant de grand matin, sevré de tout plaisir, le galérien et l'esclave, me disais-je, sont plus heureux que toi.

LE MAÎTRE.

Est-il possible, mon cher, que vous vous soyez égaré en de si pitoyables raisonnements? A quoi pensiez-vous donc? Ignoriez-vous que vous étiez en pension pour vous préparer à faire un jour une certaine figure dans le monde, à jouer un rôle plus ou moins élevé parmi vos semblables, et que, sans une solide instruction, vous seriez confondu dans la foule, réduit à une complète nullité? c'est pour cela que vos nou-

velles dispositions me réjouissent autant que
m'attristaient les anciennes.

L'ADJECTIF.

Non content de le penser et de me conduire
en conséquence, je conspirais contre le bonheur
d'autrui, en répandant de fausses maximes parmi mes condisciples et travaillant à faire ger-
mer dans leurs cœurs mes propres sentiments.
Aussi, combien n'en ai-je pas gagnés au culte de
la paresse, de la dissipation et de la désobéissance? je suis peut-être le père de tous les anciens désordres de cette maison.

LE MAÎTRE.

A tout péché, miséricorde! vous êtes repen-
tant; cela nous suffit.

LE VERBE.

En contractant le goût de l'étude, j'ai trouvé
le vrai bonheur.

L'ADVERBE.

Si je ne me mettais pas au milieu, la conversation pourrait se prolonger indéfiniment sur un
sujet étranger à la discussion. Souffrez que je
reprenne le rôle de mon personnage.

LE MAÎTRE.

Rien n'empêche: poursuivez.

L'ADVERBE.

Toutes les fois qu'il entre plusieurs mots dans ma constitution, au lieu d'adverbe, je m'appelle *locution adverbiale : à jamais, à la fin, au commencement.*

L'ADJECTIF.

Cette distinction est nécessaire pour arriver au langage correct.

L'ADVERBE.

Dans les trois modifications dont je vous ai déjà parlé, je marque la manière, l'ordre, le nombre, le lieu, la quantité, l'affirmation, la négation et le temps.

Clairement, familièrement, cordialement, agréablement, sont des adverbes de manière : *Il parle clairement.*

Pour marquer l'ordre, je me sers de *d'abord, ensuite, auparavant : Je prie d'abord, ensuite je déjeune.*

Premièrement, secondement, troisièmement, signifient le nombre : *Premièrement, il faut éviter le mal; secondement, faire le bien.*

Là, où, ici, delà, au delà, partout, dehors, marquent le lieu : *Où allez-vous? je vais là.*

Pour exprimer la quantité, j'écris *beaucoup, peu, assez, tant, trop, plus, davantage: J'aime beaucoup la récréation, mais j'aime encore plus l'étude.*

Oui, certes, sûrement, expriment l'affirmation : *Oui, je me propose d'aller vous voir.*

Enfin, hier, aujourd'hui, demain, toujours, jamais, sont des adverbes de temps: *Mon cousin est arrivé aujourd'hui et il partira demain.*

Ne, ne pas, ne point, sont des adverbes négatifs : *Je crains qu'il ne tombe malade.*

LE MAÎTRE.

Adverbe, asseyez-vous. Car vous me paraissez excessivement fatigué. Vous êtes d'un trop puissant effet dans notre langue, pour que nous n'ayons pas de votre santé tous les soins imaginables.

L'ADVERBE.

Je vous remercie du vif intérêt que vous me témoignez.

LE MAÎTRE.

A demain la continuation de notre exercice.

QUATRIÈME SCÈNE.

LE MAITRE, LE VERBE, LA PRÉPOSITION, L'ADVERBE, LE NOM.

LE MAÎTRE.

La ponctualité et le bon ordre avec lesquels vous vous rendez ici sont très édifiants.

LE VERBE.

Le bruit qui en court dans le pays, y produit le meilleur effet.

LE MAÎTRE.

Le monde, malgré tous ses désordres et son goût pour la frivolité, aime singulièrement la régularité et le sérieux.

LE NOM.

Je connais un peu ses inconséquences.

LE MAÎTRE.

En quoi donc, mon enfant !

LE NOM.

Il ne prie pas; il est grossier, comme le paysan des Alpes ; et s'il apprend qu'un écolier se lève et se couche, sans saluer son père, sa mère, ses frères, ses sœurs, sans prononcer dévotement les formules de la prière du matin et du soir, il entre aussitôt en fureur, et contre le maître qu'il traite de pédant, et contre les élèves qu'il compare aux gamins des villes les plus corrompues.

LE MAÎTRE.

Êtes-vous bien assuré de ce que vous nous dites ?

LE NOM.

Si l'on prend le soleil, en hiver, et que l'on

se repose un instant à l'ombre, en été, tout le
monde, même les hommes les plus dépravés,
élèvent jusqu'aux nues les enfants modestes,
laborieux, saluant, polis; tandis qu'on manque de termes assez injurieux pour flétrir les
immodestes, les paresseux, les grossiers, les
impudents.

LE MAÎTRE.

Le monde est quelquefois juste dans ses ju-
gements.

LE NOM.

Celui qui l'écouterait avec la louable intention de mettre la cognée à la racine de l'arbre,
n'aurait pas besoin d'autres prédicateurs.

LE MAÎTRE.

Le croyez-vous bien au courant ?

LE NOM.

C'est le plus rusé compère que je connaisse :
il en sait plus que vous et moi, et il n'ignore de
rien.

LE MAÎTRE.

Je ne lui dispute pas son savoir. Mais se con-
tente-t-il de censurer le vice ?

LE NOM.

Il critique aussi la vertu.

LE MAÎTRE.

Fuyez-le donc, mon enfant? et, comme un passereau solitaire, retirez-vous au fond de votre cœur.

LE NOM.

Pour trop se fier à ses discours, un grand nombre de chrétiens, mangent, boivent, dorment et travaillent pour eux, sans penser au service de leur maître éternel.

LE MAÎTRE.

Dites pour leurs corps, et non pour eux; car laissant leurs âmes dans un coupable oubli, leurs âmes qui constituent les plus nobles portions de leur être, ils travaillent bien plus contr'eux que pour eux.

LE NOM.

C'est bien vrai.

LE VERBE.

Il ne faut pas être doué d'une intelligence supérieure pour le saisir.

L'ADVERBE.

Être moral et physique, l'homme doit prier et travailler.

LE MAÎTRE.

Qui n'agit pas ainsi, se trompe.

LA PRÉPOSITION.

Que de fois ne me suis-je point égarée pour n'avoir point suivi cette route?

LE MAÎTRE.

Il est plus glorieux de revenir de ses erreurs que honteux de les commettre.

LE VERBE.

Dieu ne veut pas que le pécheur meure, mais qu'il se convertisse.

LE NOM.

Pourquoi la *Préposition* ne commence-t-elle pas à jouer son rôle?

LA PRÉPOSITION.

Que signifie un pareil reproche? N'ai-je pas toujours donné l'exemple de la soumission la plus aveugle, m'acquittant de tous mes devoirs avec zèle et ponctualité?

(*Ces mots, accentués avec le rouge de la colère sur le front, produisent sur les auditeurs un effet indescriptible. Chacun d'eux attend avec une vive impatience l'expression de la réponse qu'ils vont infailliblement provoquer.*)

LE MAÎTRE.

(*En entendant prononcer ce nom, la Préposition se trouble et semble s'affaisser sur elle-même.*) C'est votre maître, impertinente. Celui-là même, qui, depuis le jour de votre entrée dans cette maison, n'a rien négligé de tout ce qui peut vous ennoblir à vos propres yeux et aux yeux de vos semblables, éclairant votre esprit des plus vives lumières de la vérité et gravant dans votre cœur les plus saines maximes de la morale, pour fonder ainsi en vous la base des vertus destinées à vous mériter une incorruptible couronne. Mais que vous profitez mal de mes peines ! que vous répondez peu à ma sollicitude paternelle ! ingrate ! c'est par mon ordre que le *Nom* vous a reproché votre nonchalance.

(*Un reproche aussi mesuré touche si peu la* Préposition, *que son visage paraît aussi serein et sa voix aussi éclatante que si on lui avait fait un compliment. C'est pour cette raison que les nombreux spectateurs sont moins bien disposés à son égard qu'envers tous les autres.*)

LA PRÉPOSITION.

Invariable, comme l'adverbe, je marque les rapports que les personnes et les choses ont entr'elles : *Le fils de Jacques. Le fruit de l'arbre.* Le fils étant à Jacques ce que le fruit est à arbre, c'est-à-dire, le résultat de l'un ou de l'autre, pour signifier cette liaison, marquer ce rapport, je me place au milieu des deux mots.

LE NOM.

Ce n'est pas si mal expliqué. Allons ! courage !

faites en sorte de faire oublier votre incartade par une brillante exposition de vos divers emplois.

LA PRÉPOSITION.

Nous sommes ici pour le plus grand bien de tous ; croyez donc que je n'oublierai rien pour me rendre recommandable.

LE NOM.

J'ai souvent oui dire, que, sans la politesse, l'homme le plus instruit ressemblait à un sauvage. Y pensant quelquefois, nous pourrions nous épargner bien des désagréments.

LA PRÉPOSITION.

Si j'avais pu savoir qui m'interpellait tout à l'heure, je n'aurai point répondu si cavalièrement, ainsi que je vous prie de le croire. Mais j'ai été victime d'une erreur d'autant plus pardonnable que je l'expie bien durement.

LE NOM.

On doit être poli envers tout le monde.

LE VERBE.

On a souvent besoin d'un plus petit que soi.

L'ADVERBE.

Après avoir traversé sans accident une haute montagne, on fait dans la plaine une lourde chute.

LA PRÉPOSITION.

Vous aimez beaucoup le langage figuré.

LE VERBE.

Les faibles sont plus souvent nuisibles que les puissants ; est-ce clair maintenant ?

LA PRÉPOSITION.

Je comprends ; il ne faut mépriser personne.

LE VERBE.

Vous l'avez deviné.

LA PRÉPOSITION.

On se sert de moi pour marquer le lieu, l'ordre, l'union, la séparation, l'opposition, le but et la cause.

Les termes que j'emploie pour marquer le lieu, sont : *à, devant, dans, derrière, en, entre, sur, sous, vers : Je vais en Amérique, à Paris. — Je marcherai devant ou derrière vous.*

La préposition *après* signifie l'ordre, le rang : *Vos deux amis viendront l'un après l'autre.*

Entre marque l'union : *La paix règne entre l'Angleterre et la France.*

J'exprime la séparation au moyen de *hors, hormis, sans, excepté. Tout est perdu hors l'honneur. — Ils viendront tous, excepté Auguste.*

Contre , malgré , nonobstant , expriment

11

l'opposition : *Ils se sont récriés contre l'injusti-*
ce. — *Il est tombé dans le désordre , malgré les*
bons conseils et les sages avis de son père.

Les prépositions *touchant, concernant, en-*
vers , pour, marquent le but auquel on vise :
Il m'a écrit touchant cette affaire. — *Il travaille*
pour son avancement.

Pour marquer la cause et le moyen, je me
sers de *pas , attendu, moyennant* : *Tout a été*
créé par la parole de Dieu. — *Le procès est en-*
core en première instance , attendu les cir-
constances.

LE NOM.

La matière est-elle épuisée? Je me permets
de vous faire cette question, parce qu'ayant
pris beaucoup d'intérêt à votre rapport, je ne
serais point fâché qu'il fût continué.

LA PRÉPOSITION.

Je vous remercie bien de l'amitié que vous
me témoignez : quelques mots encore et tout
sera fini pour le moment.

Je ferai donc observer qu'à l'exemple de l'*Ad-*
verbe , je m'appelle simplement *préposition,*
lorsque je ne me compose que d'un seul mot, et
locution prépositive , quand j'en ai plusieurs :
Autour de , hors de.

LE NOM.

Puisque nous sommes réunis pour dissiper tout doute, aplanir toute difficulté, nous asseoir sur le solide, pourriez-vous nous donner une règle sûre pour distinguer, lorsqu'un même mot, *avant* ou *après*, peut servir de préposition ou d'adverbe.

LA PRÉPOSITION.

Si les mots, pouvant servir de préposition ou d'adverbe, sont suivis d'un régime exprimé ou sous-entendu, ils appartiennent à la famille de la première : *Avant midi; après la messe.* S'ils sont au contraire sans régime, le second les réclame comme dans : *On me prie de haranguer; mais avant, qu'on rétablisse le silence : car je ne parlerai qu'après.*

LE VERBE.

Comme on ne pouvait rien désirer de plus net et de plus précis, nous nous empressons de vous témoigner notre vive reconnaissance.

LE MAÎTRE.

Nous lui souhaitons seulement un peu plus de respect pour ses maîtres. Avec ce dehors, ornant si bien les qualités de l'esprit et du cœur, les partisans ne lui manqueront pas.

LA PRÉPOSITION.

S'il vous était permis de lire au fond de mon âme, vous ne manqueriez pas d'y découvrir combien elle est douloureusement affectée. Vous savez ce que l'on est à mon âge : l'expérience me corrigera.

LE MAÎTRE.

Il n'y a rien à redire. Si tout l'auditoire est aussi édifié que moi de l'excuse, vous êtes, dès cette heure, le plus glorieusement absous. On peut se retirer.

(*Des cris*, vive la Préposition, *éclatent de toutes parts.*)

CINQUIÈME SCÈNE.

LE MAITRE, LE PARTICIPE, L'ADVERBE, LA PRÉPOSITION, LA CONJONCTION.

LE MAÎTRE.

Il paraît que Monsieur le *Participe* n'a pas été bien matinal aujourd hui.

LE PARTICIPE.

Maman a oublié de m'éveiller à l'heure ordinaire.

LE MAÎTRE.

Les mères ne connaissent pas autant que nous

la nécessité de l'étude. Aussi, entraînées par l'a-
mour que la nature leur inspire pour leurs
enfants, elles les laisseraient dormir jusqu'à sa-
tiété, si elles ne redoutaient point les reproches
de leurs maris.

LE PARTICIPE.

Oh! que vous les connaissez bien, sans les
avoir jamais vues! vous savez aussi bien qu'elles
mêmes, ce qui se passe dans leurs cœurs.

LA CONJONCTION.

Elles nous aiment un peu trop.

L'ADVERBE.

Peuvent-elles nous trop aimer? ne sommes-
nous pas le fruit de leur amour.

LE MAÎTRE.

Soyez ce que vous voudrez; mais leur trop
grande affection pour vous nuit sensiblement à
vos progrès.

LE PARTICIPE.

Qu'avons-nous donc à faire?

LE MAÎTRE.

Vous avez à les avertir de se faire un cas de
conscience de vous éveiller de bonne heure.

LE PARTICIPE.

N'ai-je pas été à temps à la classe?

LE MAÎTRE.

Mais en quel état sont vos cheveux , votre figure, vos mains et vos habits ? à vous voir on ne se douterait pas que vous êtes le fils du premier bourgeois du pays.

LE PARTICIPE.

(*Tout honteux :*) Je ferai en sorte de mettre remède à la chose.

L'ADVERBE.

Je n'oserai pas me présenter ici sans que la servante m'ait mis auparavant dans le plus grand état de propreté.

LE MAÎTRE.

Comment ! vous souffrez que quelqu'un vous porte les mains à la figure?

L'ADVERBE.

Il le faut bien, sous peine de me la voir couverte de crasse.

LE MAÎTRE.

Vous lave-t-elle également les mains ? vous peigne-t-elle ?

L'ADVERBE.

Sans doute! ne faut-il pas qu'elle gagne ses gages ?

LE MAÎTRE.

Quel monde! quand donc le sens commun, au lieu d'être l'apanage d'un petit nombre, germera-t-il dans les masses?

L'ADVERBE.

Mais y a-t-il folie à se faire nettoyer par sa domestique?

LE MAÎTRE.

C'est de la dernière inconvenance, d'un mépris sans gloire, que de soumettre nos serviteurs à un service de cette nature.

L'ADVERBE.

Je veux bien me corriger de tous mes défauts; mais si la servante ne me lave plus, maman sera obligée de le faire elle-même.

LE MAÎTRE.

Pourquoi donc votre maman!

L'ADVERBE.

Si j'allais parler à mon père de se charger d'un rôle semblable, il m'enverrait bien faire paître les moutons.

LE MAÎTRE.

Il vous faut donc absolument un coiffeur?

L'ADVERBE.

Excepté que je le sois moi-même?

LE MAÎTRE.

C'est précisément ce que vous devez faire.
Alors, vous aurez toujours un moment propice;
tandis que s'il faut attendre le loisir d'autrui,
on court souvent le risque d'être dévoré par la
malpropreté.

L'ADVERBE.

Vous y voyez plus clair que nous.

LE MAÎTRE.

Je ne suis pas votre maître pour rien.

LE PARTICIPE.

Pêche-t-on contre la religion, lorsqu'on ne
se tient pas bien propre?

LE MAÎTRE.

En s'exposant à tomber malade on donne à
comprendre que l'intérieur et l'extérieur sont
soumis à la même influence.

LE PARTICIPE.

La propreté physique est donc un signe de
propreté morale?

LE MAÎTRE.

On l'a toujours considéré ainsi.

LE PARTICIPE.

J'en vois à peu près la raison, en ce que la vertu inspire l'amour de l'ordre.

LE MAÎTRE.

C'est bien cela. Plus on craint de contracter une souillure spirituelle, plus aussi on cherche à faire disparaître des plus nobles parties du corps ce qui en ternit la beauté.

LE PARTICIPE.

C'est d'autant mieux saisi, qu'une femme vraiment chrétienne se distingue de celles du monde par la grande propreté et l'ordre admirable qui règnent dans son ménage, sur ses enfants et sur elle-même.

LE VERBE.

Pourtant, la femme du monde éblouit davantage par l'éclat de ses riches ornements.

LE MAÎTRE.

Nous ne parlons pas de luxe, de splendeur; mais de propreté, de décence.

LE VERBE.

En ce cas là, je suis de votre avis.

LE MAÎTRE.

Après avoir donc fait notre prière du matin et offert à Dieu les actions de la journée, n'oublions jamais de nous laver nous-même la tête, la figure et les mains.

LE VERBE.

Doit-on faire chauffer l'eau destinée à ce bain matinier?

LE MAÎTRE.

Il est plus salubre de l'employer telle qu'elle coule de la fontaine.

LE VERBE.

C'est bon pour l'été; mais, en hiver, lorsqu'il gèle à pierre fendre, qu'allons-nous devenir? je ne puis même y penser, sans que tous mes nerfs se contractent.

LE MAÎTRE.

L'eau froide, glacée même, produit sur le corps l'effet le plus salutaire, resserrant les chairs, leur communiquant un principe d'activité, qui rend nos membres propres aux exercices les plus fatigants.

LE VERBE.

C'est peut-être pour cela que les habitants du nord sont plus forts et plus robustes que ceux du midi.

LE MAÎTRE.

Il faudrait bien se garder d'en douter.

LE VERBE.

Vos conseils seront suivis de point en point.

LE MAÎTRE.

C'est à la *Conjonction* à se faire connaître.

LA CONJONCTION.

Puisqu'il y a de dures nécessités , des nécessités auxquelles , il faut se soumettre bon gré ,
mal gré , je m'efforcerai de remplir mes devoirs
avec la plus grande exactitude.

LE VERBE.

Vous avez entendu chacun de nous s'expliquer tant bien que mal. Or , puisque vous
êtes des nôtres, et que votre action est indispensable dans le discours , pourquoi nous re-
fuseriez-vous une instruction que tout le monde réclame ?

LA CONJONCTION.

Que Dieu me préserve de nourrir en moi une
si folle pensée ! Le devoir de ma charge avant
tout.

LE VERBE.

A la bonne heure ! nous ne demandons rien
de plus.

LA CONJONCTION.

Mon nom, *Conjonction,* signifie joindre, lier,
unir avec , parce que ma fonction grammatica-

le est de joindre entr'elles les diverses phrases d'une période, ou les divers membres d'une même phrase : *Le père qui veut avoir des filles et des garçons vertueux, doit leur donner le bon exemple ;* le mot *et* qui joint *filles* à garçons est une conjonction. *Il est important que vous terminiez cette affaire ;* la conjonction *que*, la plus commune de toutes, unit la principale, *il est important*, à l'incidente *que vous terminiez cette affaire*, toutes deux membres de la même période.

LA PRÉPOSITION.

Nous sommes bien contents de votre début.

LA CONJONCTION.

La conjonction *que* peut présenter quelque difficulté à l'intelligence des commençants. Citons d'abord deux exemples où on la rencontre : *Il faut que j'aille à la messe. — Il me contrarie d'autant plus qu'il me reconnaît pour moins impatient.* Les deux *que*, qui se trouvent dans ces périodes, sont conjonction, parce qu'ils unissent les deux principales, *il faut, — il me contrarie d'autant plus*, avec les incidentes, *j'aille à la messe, — me reconnaît moins impatient.*

LA PRÉPOSITION.

Est-ce que tous les *que*, que l'on voit dans les livres, ou qui se prononcent dans le discours, sont des conjonctions ?

LA CONJONCTION.

Dieu vous préserve de le croire : car notre
maîtresse la *Grammaire* me donne un frère,
dont le profil, la couleur et la taille me ressem-
blent parfaitement. Aussi, il faut nous exami-
ner de bien près, pour saisir au juste ce qui
nous différencie.

LA PRÉPOSITION.

Je suis bien fâchée de vous le dire : je n'ai
rien compris à votre langage. Ayez donc la bonté d'employer le propre au lieu de l'allusion.

LA CONJONCTION.

Pour me distinguer du pronom relatif, régime direct d'un verbe actif, et ayant les mêmes
lettres que moi, placé de même entre les principales et les incidentes, il faut voir si les *que*
peuvent être tournés par *lequel, laquelle, lesquels, lesquelles* : car dans ce cas, ils sont relatifs : *Le livre que* ou *lequel je lis* : — *Les mai-
sons que* ou *lesquelles j'ai achetées.* Les deux *que*
sont ici pronoms relatifs.

C'est tout le contraire dans la phrase suivante : *Il convient que vous obéissiez.* Comme
on ne saurait dire, *il convient lequel* ou *laquelle vous obéissiez*, le *que* est nécessairement
conjonction.

LA PRÉPOSITION.

C'est surpasser nos espérances.

LE VERBE.

Je connaissais déja son savoir-faire.

LA CONJONCTION.

Je sers quelquefois à restreindre le sens des phrases précédentes : *Les hommes sont bons ; mais un peu médisants.*

Lorsque je me trouve entre deux verbes, je gouverne souvent le subjonctif.

LA PRÉPOSITION.

Veuillez bien vous expliquer un peu plus clairement.

LA CONJONCTION.

Par gouverner le subjonctif, j'entends, mettre à un temps de ce mode, le verbe qui me suit.

LA PRÉPOSITION.

Toute obscurité a disparu.

LA CONJONCTION.

Toutes les fois que le premier verbe exprime une nécessité, un commandement, un désir, un doute, celui qui vient après moi se met au subjonctif : *Il faut que vous étudiiez vos leçons. — Je désire que vous remplissiez vos devoirs. — Je doute que vous soyez récompensé.*

Au contraire, lorsque le premier verbe n'exprime aucun de ces divers sentiments, le second veut presque toujours être mis au mode indicatif : *Je vous certifie qu'il est bon. — Je vous promets qu'il ira vous voir.*

LA PRÉPOSITION.

Si le subjonctif, au lieu d'avoir quatre temps, n'en avait qu'un seul, tout serait déjà résolu. Mais auquel de ces quatre temps faut-il mettre le second verbe ?

LA CONJONCTION.

Si le premier verbe est au présent ou au futur, le second s'écrit au présent du subjonctif : *Il faut, il faudra qu'il vienne.*

Si le premier verbe est à l'un des cinq passés, on met le second à l'imparfait du subjonctif : *Il fallait, il fallut, il a fallu, il eût fallu, il avait fallu qu'il vînt.*

Si le premier verbe était au conditionnel présent, mettez encore le second à l'imparfait du subjonctif, et au plus-que-parfait du même mode si le premier est au conditionnel passé : *Je serais d'avis qu'il se présentât. — J'aurais été d'avis qu'il se fût présenté.*

LE VERBE.

Votre instruction ne laisse rien à désirer.

LA CONJONCTION.

J'ai encore un mot à dire : lorsqu'au lieu d'un seul, plusieurs mots me composent, je m'appelle locution conjonctive, à l'exemple de l'adverbe et de la préposition : *A moins que ; pourvu que.*

L'INTERJECTION.

Ho ! ha ! hé !

LE VERBE.

Êtes-vous espagnole ?

L'INTERJECTION.

Pourquoi parlez-vous de la sorte ? Est-ce d'aujourd'hui que nous nous connaissons? Non, je ne suis pas espagnole.

LE VERBE.

Êtes-vous donc turque?
(*Un grand éclat de rire se fait entendre.*)

L'INTERJECTION.

Mon Dieu ! je crains fort, que mon ami le *Verbe* ne se fasse enfermer aux Petites-Maisons.

LE VERBE.

Enfin que signifie votre *ho ! ha ! hé.*

L'INTERJECTION.

Mon *ho !* mon *ha !* mon *hé !* sont une prière que j'adresse à tous les idiots, qui m'entourent, afin qu'ils m'écoutent avec plus de respect.

LE MAÎTRE.

Monsieur le *Verbe*, si vous ne vouliez pas être mordu , il fallait laisser le dogue en repos.

LE VERBE.

Je suis capot de tous les côtés.

L'INTERJECTION.

J'exprime les mouvements soudains de l'âme par des monosyllabes, contenant des phrases entières.

L'expression des vifs sentiments de joie , de douleur, de crainte , d'aversion et d'admiration, sont entièrement de mon domaine.

Pour marquer la joie, je me sers de *Ha ! bon !*

Pour la douleur de *Ah ! hélas ! ouf !*

Pour la crainte de *Hé !*

Pour l'aversion de *Fi ! fi donc !*

LE MAÎTRE.

Ce serait tout fini là , si les promesses de notre souveraine avaient reçu leur entière exécution. Ses paroles sont sans doute encore présentes à vos esprits. Au revoir, nous dit-elle , mes enfants; préparez-vous pour ce jour solennel, où , après vous avoir scrupuleusement examinés sur le bon ou mauvais usage que vous avez fait de l'année scholaire, je distribuerai de belles récompenses à tous ceux qui les auront méritées par des progrès marquants dans la sagesse et dans le savoir.

Cette redoutable et nécessaire époque n'est point éloignée. C'est demain à deux heures après midi , que , revêtus de nos plus beaux habits , nous irons les chercher en cérémonie dans son palais de cristal. Je compte sur votre exactitude à vous rendre ici un quart d'heure avant le départ.

L'INTERJECTION.

Oui ! monsieur.

SIXIÈME ET DERNIÈRE SCÈNE.

LA GRAMMAIRE, LE MAITRE, TOUS LES SIGNES ET TOUTES LES PARTIES DU DISCOURS.

(*Au fond de la scène et sur une estrade élevée, on aperçoit un magnifique fauteuil, réservé à la présidente de la cérémonie : à droite et à gauche , des pliants destinés aux diverses autorités de la ville, et , au milieu, sur une table couverte d'un tapis vert, une foule de volumes in-quarto , in-octavo et in-douze richement reliés.*)

(*Toute l'assemblée doit se lever à l'entrée du cortége sur la scène.*)

LA GRAMMAIRE.

Que je suis heureuse de me trouver au milieu d'une si brillante et si nombreuse assemblée !

LE MAÎTRE.

Madame, on ne saurait trop honorer votre grandeur.

LA GRAMMAIRE.

Tant d'illustres têtes, dans un même lieu, sont bien plus votre ouvrage que le mien.

LE MAÎTRE.

Je ne suis que le plus respectueux de vos serviteurs.

LA GRAMMAIRE.

C'est cette humilité si rare, et pourtant si nécessaire, qui fait courir la foule après vous.

LE MAÎTRE.

Je ne suis rien que par vous et au nom de votre suprême autorité.

LA GRAMMAIRE.

Vous êtes le meilleur de mes représentants.

LE MAÎTRE.

Je fais tous mes efforts pour justifier le choix que vous avez fait de ma personne.

LA GRAMMAIRE.

Si tous les instituteurs vous ressemblaient, je me croirais la souveraine la plus heureuse de l'univers.

LE MAÎTRE.

Vous me flattez beaucoup trop pour le peu de services que je rends.

LA GRAMMAIRE.

Je vais procéder à l'examen, seulement pour la forme et pour le plaisir des parents.

LE MAÎTRE.

Il faut que vous jugiez qui sont ceux entre les élèves, qui méritent ou ne méritent pas de prix.

LA GRAMMAIRE.

Un mot de votre bouche me suffirait pour cela.

LE MAÎTRE.

C'est égal ; je préfère garder la neutralité en cette conjoncture.

LA GRAMMAIRE.

Quand deviendrez-vous donc un peu méchant?

LE MAÎTRE.

Je suis trop vieux pour vaincre l'invincible nature.

LA GRAMMAIRE.

On peut se corriger à tout âge.

LE MAÎTRE.

D'une nature vicieuse, qui peut devenir un sujet de damnation, oui, Madame.

LA GRAMMAIRE.

Restez donc ce que vous êtes , puisque la confiance naît sous vos pas.

LE MAÎTRE.

L'homme cultive et arrose ; mais le Seigneur fait croître et mûrir les fruits.

LA GRAMMAIRE.

Conjonction , quel office remplissez-vous?

LA CONJONCTION.

J'unis les diverses propositions d'une période et les divers membres d'une proposition.

LA GRAMMAIRE.

Pourriez-vous nous citer un exemple pour appuyer votre dire ?

LA CONJONCTION.

Si vous craignez que votre ami n'arrive pas à temps, députez-lui quelqu'un qui l'avertisse de hâter ses pas.

LA GRAMMAIRE.

Pourriez-vous nous citer les conjonctions qui se trouvent dans cette période?

LA CONJONCTION.

C'est *si* et *que.*

LA GRAMMAIRE.

Quelle espèce de mot est *qui ?*

LA CONJONCTION.

C'est un pronom relatif.

LA GRAMMAIRE.

Quelle est la plus usitée de toutes les conjonctions ?

LA CONJONCTION.

C'est la conjonction *que*.

LA GRAMMAIRE.

A quel signe la distinguez-vous de son frère, le pronom relatif.

LA CONJONCTION.

Le pronom relatif peut se tourner par *Lequel, laquelle ; lesquels , lesquelles.*

LA GRAMMAIRE.

Un exemple , s'il vous plaît.

LA CONJONCTION.

L'homme que ou *lequel vous connaissez : les hommes que* ou *lesquels vous connaissez : la femme que* ou *laquelle vous connaissez : les femmes que* ou *lesquelles vous connaissez.*

Il n'en est pas ainsi de *que* conjonction : *il faut que* et non *lequel* ou *laquelle j'étudie.* Rien donc de plus facile que de faire cette distinction.

Monsieur Gasparin , ayez la bonté d'écrire : Réponse supérieure.

LE MAÎTRE.

Ils sont tous absolument les mêmes.

(*D'unanimes applaudissements ébranlent le plancher de la salle.*)

LA GRAMMAIRE.

Ayant prévu ce qui arrive, j'ai fait venir de Paris deux cents magnifiques volumes.

LE MAÎTRE.

Vous pouvez les distribuer, Madame, les yeux fermés.

LA GRAMMAIRE.

Cependant, si les visages varient et les tailles aussi, est-ce que les mérites ne sont pas également divers parmi vos élèves?

LE MAÎTRE.

Si vous parlez des mémoires, des intelligences, des aptitudes, des dispositions, elles changent, selon la nature de l'organisation de chacun d'eux. Mais quant à la bonne volonté, à l'application, aux efforts, personne n'a rien oublié pour se surpasser soi-même et surpasser les autres.

LA GRAMMAIRE.

Quoi que les parents et les élèves vous fassent, ils ne vous récompenseront jamais assez de votre dévouement sans bornes au plus cher de leurs intérêts. Vous êtes réellement un maître introuvable.

LE MAÎTRE.

Je ne demande ni or, ni argent; le bonheur des enfants, voilà ce après quoi je soupire exclusivement.

LA GRAMMAIRE.

Encore une interrogation pour la forme seulement.

Monsieur le *Nom*, qu'est-ce que ciel?

LE NOM. '

Si vous voulez parler de ce que nous voyons au-dessus de nous, le ciel est une plaine incommensurable parsemée d'astres lumineux. S'il est question du lieu où le Tout-puissant se manifeste à ses élus, le ciel est un lieu de délices, où, en voyant Dieu face à face, l'on jouit d'un bonheur éternel.

LA GRAMMAIRE.

Monsieur Gasparin, écrivez: Trop bien !

LE MAÎTRE.

Je suis en lieu de connaissance. C'est pourquoi, si Madame est fatiguée, qu'elle se repose un moment, avant de prononcer son discours.

(*La musique, si musique il y a, doit exécuter ici de mélodieuses fanfares, pendant lesquelles les autorités religieuses et civiles font la distribution des prix. Quand chaque élève couronné a repris sa place, le calme se rétablit, et la* Grammaire, *d'une voix grave et sonore*, *prononce le discours suivant :*

LA GRAMMAIRE.

MESSIEURS ET MESDAMES ,

Vous venez d'assister à une auguste solennité, devant laisser de profonds souvenirs gravés au fond de vos âmes. Vous devez être moins sensibles à la pompe extérieure de la cérémonie qu'à ses inappréciables résultats pour vos enfants : car, semblables à des habiles et prudents architectes, qui, avant de construire un édifice, ont soin de ramasser tous les matériaux nécessaires à sa fondation, ils connaissent à cette heure la dénomination des diverses parties dont se composent la phrase simple et la période.

La connaissance des différentes propositions se fera d'autant moins attendre, qu'elle sera le sujet de la prochaine représentation. Aussi , que votre tendre sollicitude pour eux, bien loin de trop s'alarmer , ou d'éprouver seulement une légère crainte sur l'avenir de leur instruction , savoure les plus pures délices , en pensant au peu de temps et au peu de travail qu'il leur en a coûté pour pénétrer dans les plus longs , comme dans les plus difficiles détails des premiers principes de notre langue.

Autrefois, on passait huit ou dix années sur les bancs poudreux de l'école, pour me bien moins connaître qu'aujourd'hui en quelques mois. Un grand nombre de mes auditeurs n'ont qu'à rentrer en eux-mêmes, s'interroger sur ce qu'ils savent de mes éléments, et ils seront de suite convaincus de la vérité de mes paroles. Il est probable que plusieurs d'entre eux seraient incapables de répondre même sur les questions les plus faciles.

Il n'en sera point ainsi des enfants que nous formerons avec le secours de la nouvelle méthode. Parvinssent-ils jusqu'à la vieillesse la plus reculée, fussent-ils accablés des infirmités les plus graves, ils auront la consolation de répéter de mémoire à leurs petits-fils et à leurs arrière-neveux les éléments de notre langue. Ainsi, chacun pourra voir par lui-même si les maîtres à qui l'on confie la jeunesse méritent l'estime ou le mépris public.

D'ailleurs, Messieurs et Mesdames, comme l'invention de la vapeur rapproche les distances, confondant presque toutes les nations en une seule, de sorte que, dans une semaine, un même voyageur peut parcourir cinq à six provinces appartenant à autant de souverains différents et parlant le même nombre de langues, il est très-important que les principes grammaticaux soient plus tôt appris pour se conformer aux nécessités du moment.

Enfin, Messieurs et Mesdames, ne perdons

jamais de vue , que tous les savants, tant anciens et modernes, que ceux devant éclairer le monde jusqu'à la consommation des siècles, ont appris, apprennent, ou apprendront , mot par mot, ce qui fait le sujet de l'application de vos enfants.

Qui n'a pas entendu parler de ces foudres de guerre, qui , à l'aide de quelques paroles, inspiraient une ardeur sans égale à plusieurs centaines de mille soldats ? Il nous serait facile de vous rappeler les foudres d'éloquence , faisant rire ou pleurer la foule de leurs auditeurs éblouis. A qui de vous, les noms de Cicéron , de Virgile, de Démosthène, de Socrate, de Racine et de Boileau sont-ils étrangers? Eh bien ! tous ces hommes d'une célébrité immense et du savoir le plus profond , commencèrent leurs études par les éléments grammaticaux. Voyez donc, mes chers enfants, combien vous devez être fiers de marcher sur les traces de ces illustres modèles.

Cependant, puis-je terminer mon discours sans vous faire part du bonheur que je goûte au milieu de vous ? J'entends parler souvent de la félicité que procurent les richesses. Non , rien ne saurait être comparé à la joie que donne un concours d'élèves aussi sages et aussi instruits que ceux que nous venons d'entendre. Quand, dans une classe, les moins sages et les moins ins-

truits méritent le prix d'honneur aussi bien que
ceux qui le sont le plus , le contentement laisse-
t-il quelque chose à désirer?

Aussi, je félicite de tout mon cœur et les enfants et les pères du complet succès de notre dialogue. Chacun s'est admirablement acquitté du
rôle qu'il était chargé de représenter. Les choses
ont si bien marché , la réussite a été telle que je
n'ai que des louanges à donner à tout le monde
sans exception.

C'est pourquoi , Messieurs, Mesdames et mes
chers enfants, quel beau jour, quel jour radieux
pour notre localité ! Avec quels tendres serre-
rements de cœur, les enfants vont-ils être pres-
sés contre les poitrines palpitantes de leurs heureux pères et de leurs mères fortunées ! C'est
aujourd'hui une grande fête pour tous les habitants du pays. Vous ne sauriez croire à quel point
je partage l'allégresse générale. Les pulsations
précipitées de mon cœur indiquent une agitation que l'inexprimable plaisir de vous voir tout
radieux , excite jusqu'au fond de mes entrailles.
Je ne puis m'empêcher de verser des larmes de
joie. Soyez donc heureux , très-chers enfants !
Soyez mille fois bénis, pères et mères , pour
avoir mis au monde des enfants qui feront un
jour votre plus grand bonheur.

FIN.

TABLE

—

Des accents.	pages	48
Des diverses sortes d'accents.		49
De la cédille.		51
De l'apostrophe.		59
Du tréma.		60
Des guillemets.		67
Du trait d'union.		68
De la parenthèse.		70
De la ponctuation.		71
Des dix parties du discours.		77
Du nom.		84
De l'article.		91
De l'adjectif.		95
Du pronom.		107
Du verbe.		117
Du participe.		157
De l'adverbe.		168
De la préposition.		178
De la conjonction.		191
De l'interjection.		196

FIN DE LA TABLE.

ERRATUM.

Page 142, ligne 10, après la Confirmation, ajoutez : la Pénitence.

CATALOGUE

Des Ouvrages dont se compose le nouveau
Cours d'instruction et d'éducation.

1° Dialogue sur les signes orthographiques et les dix parties du discours.

2° Dialogue sur les analyses grammaticale et logique ainsi que sur l'explication des règles de la syntaxe.

3° Dialogue sur les éléments de géographie précédés de la solution d'un grand nombre de phénomènes aériens et terrestres.

4° Dialogue sur la tenue des livres en partie double.

5° Dialogue sur l'Histoire de France en deux volumes.

6° Dialogue sur l'arithmétique où l'on a mêlé quelques notions sur l'arpentage et le dessin linéaire.

7° Dialogue sur la rhétorique et la versification.

8° Dialogue sur les éléments de philosophie.

Prix des 9 Volumes formant le *Cours complet:*
12 fr.

Rendu à domicile *franco :* 13 fr.

CATALOGUE

*Des Ouvrages dont se compose le nouveau
Cours d'instruction et d'education.*

1° Dialogue sur les signes ortnographiques et sur les dix parties du discours de la Grammaire française. 1 vol. Prix :   1 fr. 25

2° Dialogue sur l'Analyse grammaticale. 1 vol. Prix :   1 fr. 25

3° Dialogue sur l'Analyse logique , ainsi que sur l'explication dès règles de la syntaxe. 1 vol. Prix : 1 fr. 25

4° Dialogue sur les eléments de la Géographie précédés de la solution d'un grand nombre de phénomènes aériens et terrestres. 1 vol. Prix :   1 fr. 50

5° Dialogue sur la teñue des livres en partie double. 1 vol. Prix :   2 fr.

6° Dialogue sur l'Histoire de France. 2 vol. Prix : 2 fr. 50

7° Dialogue sur l'Arithmétique, où l'on a mêlé quelques notions sur l'arpentage et sur le dessin linéaire. 1 vol. Prix :   1 fr. 25

8° Dialogue sur la Rhétorique et sur la Versification. 1 vol. Prix :   1 fr. 50

9° Dialogue sur les éléments de la Philosophie. 1 vol. Prix :   2 fr.

Prix des 9 Volumes formant le *Cours complet:*

12 fr.

Rendu à domicile *franco :* 13 fr.

www.ingramcontent.com/pod-product-compliance
Lightning Source LLC
Chambersburg PA
CBHW072220270326
41930CB00010B/1930